张朝炬说家族史

曹操1

群雄并起

张朝炬 著

百花洲文艺出版社
BAIHUAZHOU LITERATURE AND ART PRESS

图书在版编目（CIP）数据

曹操.1,群雄并起 / 张朝炬著. —南昌：百花洲文
艺出版社,2018.10
ISBN 978-7-5500-2969-9

Ⅰ.①曹… Ⅱ.①张… Ⅲ.①长篇小说 – 中国 – 当代
Ⅳ.①I247.5

中国版本图书馆 CIP 数据核字（2018）第 196384 号

曹操 1　群雄并起

张朝炬　著

出 版 人	姚雪雪
责任编辑	郝玮刚　蔡央扬
装帧设计	黄亚玲
出版发行	百花洲文艺出版社
社　　址	南昌市红谷滩新区世贸路 898 号博能中心 A 座 20 楼
邮　　编	330038
经　　销	全国新华书店
印　　刷	浙江新华印刷技术有限公司
开　　本	720mm × 1000mm　1/16　　　　印张　14.75
版　　次	2019 年 2 月第 1 版第 1 次印刷
字　　数	201 千字
书　　号	ISBN 978-7-5500-2969-9
定　　价	58.00 元

赣版权登字：05-2018-342

网址　http://www.bhzwy.com
图书若有印装错误,影响阅读,可向承印厂联系调换。

曹氏家族主要人物

曹腾（大宦官）

曹嵩（曹腾的义子，曹操的父亲，官居太尉）

曹操（曹嵩的儿子，官居丞相、封魏王）

曹昂（曹操的长子，早死）

曹丕（曹操的儿子，接班人）

曹彰（曹操的儿子，武将）

曹植（曹操的儿子，文学家）

曹冲（曹操最爱的儿子，早死）

曹操的夫人们

丁夫人（曹操原配夫人，因曹昂之死而与曹操反目，曹操曾欲迎回而不可得，无子女）

卞夫人（曹操继配夫人，就是武宣卞皇后。生曹丕、曹彰、曹植、曹熊四子）

刘夫人（曹操之妾，丁氏的侍女，随丁氏陪嫁至曹家，不久病亡。生曹昂、曹铄二子）

环夫人（曹操之妾，生曹冲、曹据、曹宇三子）

杜夫人（曹操之妾，生曹林、曹衮二子）

秦夫人（曹操之妾，生曹玹、曹峻二子）

尹夫人（曹操之妾，生曹矩）

王昭仪（曹操之妾，曹干养母）

孙　姬（曹操之妾，生曹上、曹彪、曹勤三子）

李　姬（曹操之妾，生曹乘、曹整、曹京三子）

周　姬（曹操之妾，生曹均）

刘　姬（曹操之妾，生曹棘）

宋　姬（曹操之妾，生曹徽）

赵　姬（曹操之妾，生曹茂）

陈　妾（曹操之妾，生曹干）

曹操手下的文臣

荀彧、荀攸、郭嘉、程昱、贾诩、司马懿、杨修

曹操手下的武将

夏侯惇、夏侯渊、曹仁、曹洪、典韦、许褚、张辽、张郃、于禁、李典、乐进

曹操的对手

董卓、袁绍、吕布、张绣、袁术、孙权、刘备、马腾

序言
PREFACE

我从小喜欢中国历史,对四大名著也情有独钟,男生热衷的《三国演义》也是我的爱好之一。记得在小时候,爷爷给我讲三国的故事,其中给我留下最深印象的还是曹操,曹操为人光明磊落,做人做事像一个男人,当年还是小姑娘的我,就已深深地被他吸引住了。

长大后我来到美国,在很多大学里教过中国历史,美国学生对三国的这些人物也十分感兴趣,他们经常问:曹操生前为什么不当皇帝?我的回答是:中国人做事讲究水到渠成,在条件不成熟的情况下,曹操宁愿把机会留给他的儿子。

大约在2012年,张朝炬博士来美国康涅狄格州纽黑文(New Haven)的耶鲁大学(Yale University)做访问学者时我们见过一面,张博士对中国历史深有研究,我们相谈甚欢,彼此都留下了良好印象。这次他对我说起打算写一部关于曹操的专著,我听后非常兴奋,希望他能另辟蹊径,从不同视角来展现这位雄才大略的历史人物。

在美华人大多热爱古典文学,大家对华夏悠久的文化满怀自豪。我觉得张博士研究历史善于从中寻找不被常人注意的人生哲理,这种做法是正确的,我们学习历史,不就是为了能对当下的工作和生活有所帮助吗?

我很期待张博士关于曹操的这套书能尽快面市,让中华文明在世界上多留存一些珍贵的文字记录,这或许也是全世界华人的共同愿望。

金安平 教授

2018年6月27日

引 子
PROLOGUE

三国是一个大时代，在这个历史阶段中涌现出无数英雄豪杰，豪迈豁达的曹操无疑是其中最为耀眼的一颗巨星，是他开创了"唯才是举"的用人之道，也是他采取了"奉天子以令不臣"的战略战术。从组织十八路诸侯共伐董卓，到官渡之战消灭袁绍平定北方，曹操每战必身先士卒、亲冒矢石指挥战斗，多次在鬼门关里杀进杀出。

他胜不骄、败不馁，闯过了种种艰难险阻，但即便是这样，仍然在赤壁之战中输得一败涂地，从人生最辉煌的高峰跌落，失去了在有生之年平定天下的可能性。失败没能打垮曹操，在接下去的岁月里，他还是为曹氏家族打下了坚实的基础，让后来的魏国成为了整个三国时代最强大的帝国。

曹操死后，他的长子曹丕继承了父亲的遗志，他取汉而自代之，成为曹魏帝国的开国皇帝。在曹丕任上，重用了司马懿、陈群等文臣和曹真、曹休等武将，不但改革了魏国的官吏制度，还进一步拉大了与东吴、西蜀的实力差距，为曹魏帝国储备了雄厚的实力，让东吴与西蜀望尘莫及。

曹丕之后，曹叡接过了魏国的大权，他放手让司马懿带兵，充分调动了这位能与诸葛亮抗衡的名臣的积极性，同时还得心应手地调配了曹真、曹休、张郃、郭淮等人的力量组合，让他们既合作又制衡，达到了同时阻击东吴与西蜀的目的。

曹叡完美的治军方略让诸葛亮六出祁山劳而无功，最终累死在五丈原。在他的治理下，魏国抑制住了西蜀与东吴的躁动，平定了辽东公孙渊的叛乱，将国家打造得坚不可摧。

三国时期的人物、家族关系复杂，故事纷繁。本书是以历史事实为基础，加之作者对三国人物性格和为人处世方法的深入研究和理解，通过一定艺术加工而成的演义小说。

|目|录|
CONTENTS

导读

曹操是整个三国时期最重要的人物之一，他在人们心目中的形象在不同的历史阶段有着不同的认知。从客观上来说，他是一位伟大的政治家、军事家、文学家和诗人。他身处东汉末年天下大乱的时局中，面对董卓暴政与黄巾之乱的双重压力，以极大的魄力举起"匡扶汉室"的义旗，从联合十八路诸侯讨伐董卓开始，到迎驾天子于许都，荡平山东各路诸侯，接着与河北的袁绍进行官渡之战，打败袁绍统一北方。

曹操最让人钦佩的地方是他胜不骄、败不馁，当他在赤壁之战中面临人生最大的失败时，没有像刘备遭遇夷陵之战那样气得一病不起抑郁而终，也没有像周瑜那样因拿不回荆州这点小事而吐血病故。曹操拿得起放得下，别人难以承受的巨大耻辱对他来说根本不值一提。赤壁之战失败后，他仍以极大的热情巩固在北方的政权，并将一个强盛的曹魏帝国传给了下一代。

第一章　明月照洛阳

⊛ 成功需要能力、机会加靠山。三者结合，能获得
大的成功，其中靠山尤为重要。

有实力的人胆子才大，胆子大的人才敢冒险，
敢冒险的人才有大的机会。

人脉必须建立在相互利用的基础上，想构建你
的人脉网，要先找出你能被人利用的地方来。

攀亲与结拜永远是最直接的结盟方式，不要小
看了外貌丑陋的人物。

如果你是草根出身，成功的第一步是广泛结交
同阶层的朋友，谁知道哪片云彩会先下雨？

天亍命骨

东汉末年,洛阳雪夜,天色昏暗,万籁俱静。

在城北的一条街道上急匆匆地走来十多个黑衣大汉,其中几个还手提砍刀,刀锋在白雪的映射下闪出丝丝寒光。突然,从街道的转角处跃出五个人,这五个人都是公差打扮,手上拿着铁链与枷锁,为首的是一个年轻人,此人中等身材,穿一身县尉的官服,脸上神情肃杀,两眼中冒出一团火光。看到有官差拦路,这些黑衣大汉并不惧怕,其中几人冲上去推开了那个为首的县尉,嘴里还骂骂咧咧地说:“小兔崽子,活得不耐烦了?给老爷让开!”

这个县尉模样的年轻人名叫曹操,字孟德,现任洛阳北部尉之职,他看到对方气焰嚣张,不但没有退缩,反而挺了挺身,大呼一声:“给我拿下!”身后四个公差迅速冲上去将对方为首的一个华服老头给摁住了,这一下可算是捅了马蜂窝,十多个黑衣人个个拔出锃亮的砍刀将曹操等五人围了起来,其中几个黑衣人嘴里还嚷嚷着:"狗崽子们,睁开你们的狗眼看看清楚,蹇老爷你们也敢抓?赶紧放手是你们的便宜,今天只要你们牙缝里吐出半个不字,我们立即就让你们血溅当场!"

曹操看到对方如此凶悍,冲上一步,将手中的刀架在了那个蹇老爷的脖子上,大声说:"不得放肆,这里是皇帝脚下皇城边,都跟我回衙门分辩吧,谁再敢鼓噪,我一刀先杀了你们的蹇老爷。"

这下子可把蹇老爷给吓坏了,他赶紧说:"大家不要吵了,跟他回衙门里说吧。"蹇老爷的话还是管用的,四周的黑衣人纷纷退开了,大家心里想:去衙门就去衙门,别人怕去衙门,我们怕什么,洛阳的衙门就是蹇家开的。

回到衙门后,曹操迅速让衙役们将那批黑衣人控制了起来,缴获砍刀十三把,将他们与蹇老爷全都关进了牢房里,等第二天天亮后公开审讯。

第二天一早,消息不胫而走,大家都听说昨天晚上当朝最有权势的十常侍之一蹇硕的叔叔蹇图被县尉曹操抓了。这可是个大新闻,蹇硕在朝中可谓是一跺脚官场就乱颤的人物,百官谁都惹他不起,他的叔叔蹇图在洛阳也是称霸一方,虽然作恶多端,但没人敢正眼瞧他。所以当官衙开门审理此案时,许多百姓都赶来听审,大家都想看看，曹操敢不敢摸这只老虎的屁股。

只见大堂之上，曹操端坐在判令台后，两边衙役整齐站列，曹操今天气色不错，白净的面皮上还带着些许笑意，他一拍惊堂木，说了声："将人犯带上来！"下面一阵应答，过不多时，只见两个衙役将蹇图架了上来，蹇图脸色萎靡不振，但神情倨傲，他站直了身子，掸了掸衣服上的尘土，用不屑的眼神看着曹操。曹操又是一拍惊堂木，大喝道："大胆蹇图，见了老爷竟然不跪？"蹇图冷笑一声，轻蔑地说："朝中大臣遇到我都得给我下跪，你一个七品小吏，怎敢在我面前吆五喝六？"

曹操说："放肆，洛阳最近实行宵禁，夜晚不许任何人外出，违者严惩，这你不知道吗？"蹇图说："我知道，但这是约束老百姓的，难道我要外出也不可以吗？"

曹操说："当然不可以，王子犯法与庶民同罪，更何况你带着大批随从携刀夜行，意欲何为？"蹇图冷笑道："你个没毛小崽，吃得不多管得不少，我蹇老爷想干什么还需要你管？今天你痛痛快快地给老爷我赔个不是，送我回去是你的造化，否则今后我只需弹弹手指就让你全家性命不保。"

蹇图的这几句话也并非空言恫吓，东汉末年朝政日非，皇帝宠信宦官，十常侍权势熏天，朝中文武百官为了自保，只得纷纷寻找靠山，许多人认十常侍为干爹，以图官运亨通。其实曹操的爹曹嵩也是走了这条歪路，曹嵩本姓夏侯，由于攀上了大宦官曹腾，给他当义子，所以才改姓了曹。曹腾在宦官中是数一数二的人物，有他当靠山，曹嵩很快平步青云，最后坐上了太尉宝座，位列三公，尊贵无比，掌管全国军队与皇帝之间沟通的枢纽机关。

因为亲爹与干爷爷都那么牛，曹操自然就成了官二代，他从小养成了天不怕地不怕的精神，年纪轻轻就被任命为洛阳北部尉，掌管洛阳北部地区的治安状况。自从上任以后，他做事雷厉风行，执法严明，任何人都不许例外。为此还在衙门里特设五色大棒，专打那些骄横跋扈的不法之人。因为他的靠山够硬，谁也惹不起，所以在他的治理下，洛阳北部地区路不拾遗、夜不闭户，人人遵纪守法，社会风气肃然。

洛阳毕竟是首都，皇帝脚下权贵云集，曹操虽然初生牛犊不怕虎，但今天算是遇到硬茬了。这蹇图可不是一般人，有侄子蹇硕撑腰，他为所欲为惯了，今天见这毛头小子不识抬举，正想要给他点颜色看看。

曹操听蹇图如此说，心中也有点发虚，他知道对方的来头，知道双方硬碰硬定是两败俱伤的结果，本想吓一吓对方，对方服个软也就算了，但眼见蹇图不吃这一套，反而向自己叫板，当着这么多旁观的老百姓，搞得自己骑虎难下。

这时门外的老百姓也都窃窃私议起来，说："曹县尉固然执法如山，但那都是针对无权无势的普通人，真要是碰上有背景的大老虎，曹县尉也同样没办法。"有些人说："自古以来都是官官相护，想要做到法律面前人人平等那是做梦。"还有人说："遇到蹇老爷，只怕曹县尉这次要吃不了兜着走，就算曹县尉这次放了蹇老爷，蹇老爷今后也不会放过曹县尉。"

曹操的心里也是十五个吊桶打水——七上八下，但无论心中如何惶恐，表面上总是不能露怯，他一拍惊堂木，大声喝道："大胆狂徒，到了这明镜高悬的堂堂县衙，怎能容许你公然威胁朝廷命官？来人啊，给我掌嘴！"曹操说完，立即上来两个衙役，向前躬身答应，然后左右开弓打了蹇图二十几个嘴巴。

蹇图活了这么大把年纪，从来没人敢如此打他，他暴跳如雷，大声道："你敢打我？有种的你就杀了我，只要放我出去，不出三天，你曹家若还有活口，算我蹇图不是男人！"曹操也大怒："杀你又怎样？你以为我不敢？不要说是你，就是你侄子蹇硕，只要敢犯法，我照样要他好看。"

两人就这么杠上了，谁也不是软柿子，蹇图心里想，此事没完，在这洛阳地界，只要我离开此地后放一句话出去，就算是天王老子，我也能把你扳倒。曹操心里也想，今天这事要是不能打灭对方的威风，让对方就这么嚣张地离开，此后做事那就难了，人人都会笑话我曹操是个欺软怕硬的孬种。

此时门外走进来一个官员，来到曹操耳边悄悄地说了几句话，告诉他昨晚蹇图一伙被抓后，蹇图府上一直没得到消息，直到今天一早，他们才得知了情况，现在已经有人将此事报告到宫里去了，很快大宦官蹇硕就会派人出面干预，请曹操速战速决，迟则生变。

蹇图也看到那位官员与曹操耳语的样子，他心里雪亮，昨晚一夜未归，家里人肯定着急，今天事情闹大后，家里一定得到消息了，只需有人将此事报入宫中，侄子蹇硕咳嗽一声，天大的事情也能化为无形。想到这里，他又轻蔑地看了看曹操，这眼神分明是向曹操下战书。

此时的曹操也真有点进退两难，就这么放了蹇图肯定不甘心，但要真杀了对方，似乎也于法无据，更何况此事一旦不能善罢，其后患无穷。左思右想，还是对蹇图说："念你初犯，本官可以放你一马，但你的那些下属都得收监服刑。"蹇图一听就知道曹操开始退缩了，他根本不买这个账，大声说："我等无罪，你滥用私刑，绝无好果子吃。"

此时旁观庭审的百姓们也交头接耳："蹇老爷惹不起啊，我们平时遇到他的人马都必须绕道而走，谁敢与他顶撞？""曹县尉这次是遇到煞星了，当官执法都不容易，遇到权贵还是得低头不是？""我看这件事是闹大了，蹇府的人岂是好相与的？曹县尉能保住自己的命就算不错了。"

只见曹操沉吟了半晌,脸上的神色忽青忽紫,心中似乎在下很大的决心,突然他又是一拍惊堂木,站了起来,大声道:"给我拉出去,重责五十大板,然后放了,他的随从,也全都放了吧。"说完颓然坐倒。

堂下衙役们齐声答应,将蹇图拖了出去,当众扒下裤子,掀翻开打,打得蹇图皮开肉绽、鲜血淋漓,旁观的百姓也都轰动了:"这是真打啊?蹇图也有今天!""曹县尉真不怕事,这算是执法如山了吧。""我看此事难以收场,这样蹇图能干吗?"

五十板子打完,只见蹇图没了声气,再一探鼻息,也没有呼气了,"打死人了,蹇图被打死了,闯祸了!"百姓们被吓得一哄而散,手拿板子的衙役也不知所措,茫然看着曹操。曹操的脸色一阵发青,没想到蹇图平时娇生惯养的,挨不起打,五十大板就将他打死了,这可如何是好?

这时候有人来报,说宦官蹇硕已派人前来查究此事,请曹县尉赶紧预做准备。曹操头皮有点发麻,但事已至此,怕也无用,就算有天大的麻烦,也只得接着。说话间,天使官到了,勒令曹操立即释放蹇图等人,可是蹇图已经死了,天使官听后也是大吃一惊,这个变故事先没有料到,该如何处理,他不敢擅自做主,只得回去请示汇报。

趁这个机会，曹操赶紧也去找关系活动活动，否则就麻烦了，他首先去找了自己的父亲曹嵩。曹嵩听得此事后吃惊不小，好在姜毕竟是老的辣，曹嵩微一皱眉已有对策。他一方面让曹操赶紧去找一个人，这个人是他的至交好友，也是曹操的顶头上司——京兆尹司马防；另一方面自己赶紧进宫去找义父大宦官曹腾，双管齐下，解决问题。

曹操来到京兆尹府，见到了司马防。司马防出身于河内司马家族，这是一个大家族，在东汉时期影响力非常大。整个东汉，文官系统基本上是被几大家族所控制的，除了河内司马家族外，还有颍川的荀氏家族，弘农的杨氏家族，汝南的袁氏家族等，其他小门小户出身的人，想要出人头地，要么师从于这些大家族，要么走宦官或者外戚的门路。

司马防见曹操满脸惊慌的模样，立即将他让进书房，曹操将打死蹇图的经过对司马防详细说了，司马防先是一愣，然后立即镇定下来，说："孟德（曹操字孟德）不必惊慌，我这里正巧有一位青年奇才到访，不如请他一起来参详一下。"曹操一听，立即问："不知是哪一位高贤？"司马防说："当今儒林的旗帜，颍川荀门的代表人物荀彧正在府中。"曹操一听大喜，荀彧之名他是久有耳闻。颍川荀门名士辈出，据说荀彧与荀攸叔侄皆有经天纬地之才，今天有幸一见，自然十分欢喜。

不一会，司马防将荀彧请了过来，只见荀彧眉目俊朗，峨冠博带，一看就是满腹经纶之士，他与曹操互道仰慕，大有相见恨晚之感。三人坐下后，荀彧又听了一遍曹操的叙述，微微沉吟了一会，缓声道："此事不难解决，我这就写一篇表章，将蹇图之罪行逐一罗列，孟德拿去请当时在场的诸人签字作证。然后请司马大人写一份奏折给皇上，盛赞蹇硕深明大义，支持下属官员为民除害，应予褒奖，再由司马大人出面请一些有分量的大臣签字附议。最后由孟德之父曹太尉通过曹腾大人的渠道将奏折立即呈给皇上。"

荀彧顿了一顿，喝了口茶，接着说，"因为据我分析，由于双方都大有来头，此事最终必定会惊动皇上，如果我们能抢在蹇硕之前，将奏折递给皇上御览，皇上若先行褒奖蹇硕，蹇硕就没理由就此事继续发难了。"司马防与曹操在一旁听荀彧娓娓道来，每一个对策都丝丝入扣，不由得大加赞叹，等荀彧说完，大家立即分头行动。

果然，蹇硕被皇上莫名其妙地戴上一顶"大义灭亲、为国除害"的高帽子加以褒奖后，就算心里恨得不行，但嘴上却不能再说什么了，此事就此作罢。

这一日曹操外出公干，随身只带了两名公差，中午时分来到一处偏僻市镇，大家肚子饿了，于是找了家路边的面馆吃面。面馆里三三两两坐着一些顾客，其中一对男女分外惹眼，他们看上去不像夫妻，倒像是兄妹，男的朴实木讷，女的却十分美艳，两人似乎都是江湖中人。曹操三人正坐下等伙计将面端来，一个公差凑过来悄悄对曹操说："刚才一路上我总感觉有人在跟踪我们，大人你看，他们跟上来了。"

曹操随着公差的指点望去，果然看到有七个劲装结束的黑衣汉子骑马疾驰而来，到了面馆前面停了下来。曹操惕然一惊，自从打死蹇图之后，他内心也一直揣测着蹇府会不会报复，看今天这架势，有这种可能性。只见七个黑衣大汉进门后在曹操侧边的两张桌子旁坐下，也点了面，默默地吃着，其中几个用眼睛余光瞥视着曹操三人。曹操心想，今天出门前没做充分的准备，还是少惹事为妙，吃完面赶紧走，穿过前面的一片山林就是兖州郡，那里的衙门里他有熟人，可以调集一些人手。想到这里，他们三人匆忙吃完了面，出门打马上路，向兖州郡进发。

曹操等三人刚进入山林中，就听后面传来一阵急骤的马蹄声，那七个汉子追上来了，曹操一声低呼："不要理他，赶紧走。"三个人打马扬鞭，向前急冲。这时忽听后面传来一声尖啸，而前面竟然也有啸声回应，曹操勒住马缰一看，只见前方当道也出现了四名同样的黑衣汉子，手执砍刀拦住了去路。

曹操心里一惊，想今天似乎有点麻烦了，看这阵势，逃是逃不掉了，只有拼死一战。这时，后面的七个黑衣汉子逼了上来，前后合围将曹操等人困在中间。曹操此时也拔刀在手，大声喝问："你们是什么人？

光天化日之下，胆敢袭击朝廷命官？"后面七个黑衣人中有一个为首的虬髯大汉不怀好意地笑道："曹县尉，想当一个好县尉是要付出代价的，现在该你付出这个代价了。"

曹操颤声道："你们是蹇图府里的人？"

虬髯大汉道："聪明，但此时聪明又有何用？真正的聪明是少管闲事。"曹操心想，当下的情形害怕也没有用，他环顾四周，筹划脱身之计。

虬髯大汉道："曹县尉，别想脱身了，这里就是你的埋骨之处，明年今日就是你的忌日。"

曹操小声对两个公差说："过会打起来你们就分头跑，不用管我，把消息传回去，让父亲为我报仇。"

两个公差说："那怎么行？保护大人是我们的职责，要死我们就一起死。"

曹操说："别傻了，我们打他们不过，他们的目标是我，我过会将他们引开，你们跑吧，记得为我报仇。"

说完话，曹操一拽马缰，纵马往山上跑去，两个公差只能按照曹操的吩咐，分头逃跑。黑衣人的目标果然是曹操，他们也不管公差如何，集中力量往曹操逃跑的方向追来。曹操慌不择路往山上密林小道中逃去，十一个黑衣人紧紧追来，曹操好像听到后面有人在叫："放箭！"

顿时"嗖嗖"声连响，好多支箭从他周围飞过去。突然一支箭射中了他的后背，他两眼一黑，一个趔趄从马上摔了下来，这时他恍惚中似乎听到一个女子的声音："师哥，你挡住那边，这些人交给我。"然后是一阵激烈的刀剑相交之声，过了许久，四周才安静了下来，曹操感觉自己在一个人的马背上，颠簸导致后背一阵剧痛，接着就昏了过去。

直到他醒来，才发现自己竟然趴在一间茅屋的板床上，旁边有一位清秀的少女欢呼道："姐姐，他醒了！"从门外进来一个女子，曹操认识她，就是不久前在市镇面馆中见过的那位美艳少妇。美妇给他端来了一碗药汤，让清秀少女将他扶起，然后喂他一口口喝下。美妇看着他说："谢天谢地，你昏迷了七天，总算醒了，那伙歹人不知对你有何深仇大恨，竟然在箭里喂了毒，要不是我师父深谙医理，能配出解药，只怕你已不在人世了。"

曹操感觉背上的箭伤好了大半，他感激地看着眼前的两位美人，轻声说道："感谢相救之恩，不知此处是何地，两位是何人？"

清秀少女抢着说："我叫沐孜孜，这是我姐姐沐葱葱，我们是南华学府的，我师父精通天文地理、医药武学……"姐姐沐葱葱赶紧打断她："妹妹，让将军多休息一会吧。"

曹操赶紧说："我可不是什么将军，我叫曹操，是洛阳北部的一个县尉，那天在市镇面馆，似乎还看到一个男人，你们都是我的救命恩人，我要逐一拜谢。"

沐葱葱说："曹县尉不必客气，那个男人是我的师兄，名叫徐遮，前两天被师父派出去办事了，还没有回来。"

曹操说："那能否请两位带我去拜谢你们的师父？"

沐葱葱说："当然可以，我师父名为南华仙翁，不过曹县尉你的箭伤还没有好，再养几天，我会带你去的。"说完沐葱葱端起药碗与床边的一只水盆走出了屋去。

曹操又趴在床上，沐孜孜帮他换金创药，曹操说："孜孜，你能否再给我讲讲你们南华学府的来历？"

沐孜孜说："听我师父讲，当今天下有许多大有学问之士，他们不愿从政，逍遥世外，收徒传教。我师父是得道高人，在我看来他几乎无所不能。我们这一学派有师徒九人，除师父外，目前只有我们姐妹与徐遮师兄在这忘情谷中学习，其余五位师兄都已经出山，或许曹大人将来在江湖会遇到。"

曹操赶紧说："孜孜，千万不要叫我曹大人，太见外了，你们对我有救命之恩。"

沐孜孜说："那好，我叫你曹大哥吧，曹大哥，你为什么会被人追杀？"

于是曹操向她说起了蹇图家人报复之事，说完后，沐孜孜轻叹了一声，幽幽道："曹大哥，我觉得你做得对，当今世道，豪强恶势力横行霸道，欺压良善，但你这么做，风险也真有点大。"

曹操说："恨我手中的权力不够，无法改善这个世道。"

沐孜孜道："人们盼望明君如寒冬盼暖阳，久旱盼甘霖，希望曹大哥将来能做些对天下苍生有利的事情。"

就这样，曹操每日里与沐孜孜聊天，沐葱葱也常常过来给他端药换水送食物，又将养了八天，箭创才完全愈合。

这一日，曹操穿戴整齐，沐葱葱带他去见师父南华仙翁。南华仙翁住在山顶的一间草木搭建的房子中，身边有两个小童子侍候着，曹操见南华仙翁约六十多岁年纪，虽白发银髯，但红光满面，精神矍铄。

曹操赶紧上前施礼，南华仙翁请他坐下，小童子给他端上了茶水。

南华仙翁说："曹君家世渊源，前途无量，今日一见，果然不凡。"

曹操说："得仙翁夸奖，深感荣幸，救命之恩，后必补报。"

南华仙翁道："曹君不必挂怀，当今乱世，正需要像你这样的人为国效力呢。"

曹操说："世道艰险，前途未明，曹某该如何做，请仙翁给予指点。"

南华仙翁说："天下之势，久必纷乱，若战火再起，军权才是第一要务。"

曹操问："仙翁以为天下即将大乱？"

南华仙翁答："我夜观天象，中宫紫微不明，西北有天狼星划破夜空，兆天子暗弱被欺，有外臣为患，你当尽力救主，扶助大汉，莫使其被颠覆。"

曹操说："谨遵仙翁教诲，我回去后一定尽己所能匡扶社稷。"

拜别仙翁，曹操要下山了，沐葱葱与沐孜孜依依不舍，曹操也对这两位美女心存感激，拿出了自己贴身的两件宝物，一只碧玉貔貅挂件送给葱葱，一只琥珀麒麟挂件送给孜孜，与两女告别，独自骑马回去了。

曹操回到父亲的太尉府中，门卫见到他回来，大喜，赶紧报了进去，全家人都出来看他，大家看到曹操安然无事，无不欢欣鼓舞，说自从公差逃回来报信后，所有人都急坏了，派人到处去找，除找到十多具黑衣人的尸体外，并没有找到曹操本人的下落。曹操失踪的这段时间里，全家老少都愁得像热锅上的蚂蚁，派人去暗中盯梢蹇图家人的行踪也一无所获，现在曹操回来了，大家的这颗心才算放了下来。

回到书房里，父亲曹嵩听了曹操对以往事情的叙述后，气地一拍桌子站了起来，大声道："我们曹家也不是好惹的，蹇家再厉害，也得看看他的对手是谁！"

曹操也气愤地说："这劫杀朝廷命官的行为已算是公然造反了，父亲，我们去皇上那里告御状吧。"

曹嵩沉吟半晌，按了一下曹操的肩头，缓声道："且慢，御状告到皇上面前，必定会碍着蹇硕的面子而不了了之，不如我们依样画葫芦来个瞒天过海之计……"

几个月后，蹇家人在一次祭陵归途中，遭遇不明山匪劫杀，全家死伤二十七口，被劫不少财物，案件报到河南知府衙门，查了十多天，抓了几个人凑数，草草收场。

这件事情之后，虽说蹇硕不再追究，但曹操洛阳北部尉的官职也被撤了，只能在朝廷中混一个议郎的闲职，在这个时期，曹操与荀彧、袁绍等人来往较密，算是有了一段安静平和的日子。

有一天，荀彧对曹操说，在南阳有许劭兄弟，善知天下事，能预测未来，每月都会对天下大事与人物作出点评，江湖上称之为"月旦评"，建议他有空去看看。曹操对这些江湖考证并不全信，但既然有荀彧推荐，试试倒也无妨。于是他抽空赶往南阳，在一个名为"神仙谷"的山谷里，找到了传说中属于许劭兄弟的住所。这是一长排竹木房子，房子外面有一片很大的空地，空地上站着许多人，不少看上去像是书生模样，手上拿着书稿，估计是来请许劭兄弟品评的。

曹操到达时正值中午，他刚一下马就见一童子迎面走过来对他说："请问是曹操曹大人吗？"曹操吃了一惊，脱口问道："你怎知是我？"童子答："我师父今天早上说，中午时分有一位名叫曹操的人会来，让我在此等候。"曹操听后满脸惊奇，暗想莫非这许劭兄弟真的能掐会算？

在童子的带领下，曹操终于见到了大名鼎鼎的许劭兄弟，哥哥许劭身材矮胖，皮肤很白，穿一件黄褐中衣，笑口常开，给人以亲切感；弟弟许松身材高瘦，皮肤黝黑，穿一件灰白长衫，神情严肃，不苟言笑。曹操上前深施一礼，大声说："久闻许子将（许劭字子将）兄弟大名，今日曹某特来拜见。"许劭客气地请曹操坐，童子给他沏上茶水。

许劭说："愿闻曹君志向。"

曹操回答："值此乱世，欲尽己能有利于国家。"

许劭说："当今朝廷，外有黄巾军造反，内有宦官外戚专权，需有大智慧者整顿朝纲，安定天下。"

曹操说："以许君所见，天下大势今后将如何发展？"

许劭说："天下大势，分久必合，合久必分，大汉自高祖斩白蛇起事以来，凡四百年，其间虽有战乱，但终究维持一统。桓灵之后，国是日非，今后能挽大势于既倒者，只二三人而已，君可算其一。"

曹操说："由此看来，我当为何等样人？"

始终一言不发的弟弟许松突然开口说话了，他说："曹君乃治世之能臣，乱世之奸雄也。"

许劭说："愿君今后能善待大汉天子，善待天下百姓。"

曹操说:"若真如先生所料,我当不负众人之望。"

从许劭兄弟处出来,曹操觉得神清气爽,看这"神仙谷"山明水秀,鸟语花香,他一时意乱情迷,信步徜徉。走着走着,忽然从前面的竹林中传来一阵低低的琴韵之声,琴声虽低,但曲调缠绵,曹操只觉得心潮澎湃,不知不觉中往琴声传来的方向走了过去。只见在竹林深处有一处雅舍,当曹操走近时,琴声戛然而止,从雅舍中走出一个婢女,来到曹操面前施了一礼,言道:"小姐说,有贵人到,琴声有感,特来迎候。"

曹操还了一礼,答道:"在下曹操,今日冒昧来到此处,多有打扰,望小姐莫怪。"

话音未落,只见从雅舍中走出一位被轻烟笼罩的女子,如梦似幻,清丽脱俗,只见她向曹操施了一礼,曼声道:"小女许樾凝,乃许松幼女,拜见曹大人。"

曹操一下子愣住了,心想世间竟然有如此曼妙的女人,他一时不知说什么才好,只是搓了搓手,站在那里,喉头咕咕蠕动,发不出声音。

许樾凝说:"小菊,请曹大人坐。"婢女小菊将曹操让到竹厅之下的竹凳上就座,给他上了茶水。小姐端坐在他的对面,曹操只感到脸颊滚烫,心跳加速。

许樾凝问:"曹大人,今天怎有空来我们神仙谷?"

曹操答:"久闻令尊兄弟善知天下之事,今特地前来求教。"

许樾凝说:"小女随父日久,对天下之事也有兴趣,今日试与君一论可否?"

曹操吃惊地说:"果然是大家闺秀,小姐竟然也熟知天下之事?曹某请教。"

许樾凝说:"眼见天子务虚,权臣当道,四野饥民暴乱不绝,天下各郡心生异志,此当英雄建立功名之时。"曹操听得小姐如此说,顿时心生敬意,当即问:"依小姐之见,曹某该当如何做?"

许樾凝道:"国乱则为能臣出头之时,曹君胸有宏图,若能广招人才,则当成就大事。"

曹操问:"曹某之仕途,是否还有上升空间?"

许樾凝答:"若天下太平,以曹君之家世背景,当终成三公。若天下乱,建议握住军权,则天下可定,君之前途不可限量。"曹操心想,如今能有此见识的女子实在稀罕,更何况此女美丽犹如天仙下凡,回去之后当备聘礼前来提亲。

从许劭兄弟处回来后,曹操果然派人携带聘礼,前往神仙谷提亲,曹家名门望族,许松也没有理由反对,于是就答应了这门亲事。经过三聘四定,周般礼数,曹操最终明媒正娶将许槭凝娶到了曹家。

婚后曹操家有智囊,诸事顺遂,闲暇时经常找荀彧探讨天下大事。有一天在荀府花园里,荀彧对曹操说:"如今皇上只依靠宦官与外戚,对举孝廉出身的读书人不加重用,这不是好兆头啊。"

曹操说:"我观大将军何进为人莽撞,行事缺乏远见,照此下去,国家必将败在他的手上。"

荀彧说:"朝廷中有能力的大臣多被排挤,那些只会溜须拍马的无耻之徒却得以高升,如此国运怎会长久?"

曹操说:"恨无机会让我施展平生抱负,如果有乘风而起的一天,希望我们俩能携手共进,一起为天下安定尽一份力量。"

荀彧说:"那是当然,如果真有这一天,我一定协助曹君,为天下百姓谋福利。"

当时的朝廷,宦官与外戚争权,外戚的首领是大将军何进。何进出身屠户,因同父异母的妹妹被选入宫中封为贵人而发迹,后来何贵人被汉灵帝封为皇后,何进也因破黄巾起义有功而被封为大将军。汉灵帝死后，因拥立新皇之争导致宦官与外戚矛盾激化，何进欲引西凉刺史董卓率军进京消灭宦官集团，为此还召集诸位大臣，包括曹操与袁绍等人商议此事。曹操坚决反对何进这么干，他认为欲灭宦官只需派几队御林军足矣，何必远道调董卓率军进京？董卓是一只野心勃勃的大老虎，他要是进京了，所带来的危害只怕比宦官更大。

但何进身边的亲信大臣与袁绍等人都认为何进的主意不错，碍于何皇后的面子，何进亲手杀死十常侍似乎不妥，到时候只怕大家会认为是何进为了争权夺利，擅杀皇帝身边的人，图谋不轨，人言可畏，好说不好听。请董卓前来剪除宦官势力说起来是外臣清君侧，何进没什么责任，何皇后若要责怪起来也有个推搪的余地。结果袁绍等人的意见坚定了何进的决心，召董卓带兵进京清君侧，曹操长叹一声，暗道："何进误国。"

西凉地处西北，草原广阔，大漠苍茫，这里盛产良马，边境时有胡人侵扰，胡人骁勇善战，大汉边患始终不绝。刺史董卓是一个肥头大耳的家伙，平时爱穿褐色皮衣，为人目光短浅，性情残暴，不爱读书，但喜欢打猎，手下有一批西北悍将，但都是缺乏谋略，只知蛮干之徒。不过董卓唯一的优点是多少知道一点人才的重要性，为招揽人才有时也不惜放低身段，但真正有才能的人却看不上他，不愿为他卖命，所以他能用的也只是些中等人才而已。

此时董卓在西北也算兵强马壮，人手众多，谋臣有李儒与贾诩，武将有李傕、郭汜、张济、樊稠等人，其中这个贾诩并未受到董卓的重用，但他却是后来整个三国时期最为杰出的军师人才之一，是与诸葛亮、庞统、荀彧、郭嘉等放在一起也毫不逊色的顶尖谋士。只可惜贾诩根本看不上董卓，不愿意真心实意地帮他谋划，但贾诩毕竟出生在西北的官宦人家，基本上没有机会成为朝廷重臣，除了董卓也无旁人可以投靠，所以才不得已屈身在董卓营中。

何进调兵的将令传到西凉时，董卓正在吃午饭，他一向起居奢华，吃饭每顿三十个菜以上，他接报后大喜，连饭都不吃了，迅速召集手下谋士李儒与贾诩商议此事。

董卓说："和平时期召外臣带兵入京是天子的大忌，不知大将军是怎么了，竟然下令让我领兵进京？"

李儒说："大将军估计是昏了头，但此等大好机会对主公来说是千载难逢，一定要紧紧抓住。"

贾诩说："何进刚愎自用，莽撞少谋，虽然机会难得，但我们贸然进京，前程难料。"

李儒说："不入虎穴，焉得虎子，主公富有雄才大略，正好乘此机会大展平生抱负。"

董卓说："进京是一定要进的，朝中的那些草包占着高位不干人事，等我到后，必定将他们一一铲除。"

最终董卓下定了进京夺取政权的决心，整顿兵马，即日启程，向洛阳进发。

第二章

西北惊豺狼

机会总是在无意中出现，小人物突然做大，背后一定有不为人知的运气。

无论你身在何处，无论你处境怎样，成功最重要的事是先让别人听说你。

如果意外获得横财，处理起来就一定要小心，因为横财不可多得，而且容易失去。

站稳脚跟的方法是建立同盟军，牢固的统一战线是取胜的不二法门。

地位越高风险越大，财富越多越容易失控，这与开快车是一个道理。

篆書刻昌

消息传到十常侍的耳朵里，引起了他们的恐慌，经过商议，大家决定先下手为强，设计将何进骗入宫中，砍下了他的脑袋。十常侍本以为只要杀了何进，外戚势力自然瓦解了，但万万没想到的是，袁绍等人得知何进被杀竟然发动了兵变。袁绍带兵杀进了皇宫，只要见到宦官模样的人就杀，一时间宫廷大乱，所有宦官都被诛杀殆尽，连刚继任大位的小皇帝刘辩也在不明真相大臣们的簇拥下落荒而逃。

朝中政变发生后，曹操的父亲第一时间得到消息，得知十常侍被杀，立即感到大事不好。曹嵩是个很有见识的人，自己之所以能稳坐高位，完全仰仗大宦官曹腾的庇护，曹腾已死，现在的情况下，原官宦余孽必遭清算，此时若还不走，很快就走不脱了，乘着当前整个洛阳一片混乱的机会，曹嵩要求曹操护送他回老家养病。

曹嵩的老家在今天的安徽亳州一带，此时曹操也意识到了义爷爷曹腾之死将给整个曹家带来灭顶之灾，他强烈建议不要回到老家去，那里也不安全，不如逃到离洛阳不远的陈留去躲灾比较好，因为有不少曹家的亲信在那里任职，而且陈留离洛阳不远，目前都城的局势不明朗，在陈留可进可退。曹嵩同意了曹操的建议，于是父子俩赶紧打包家财与物事，带上家眷连夜离开了洛阳，紧急赶往陈留避难。

好在陈留的郡守是曹家亲信，见曹嵩一家逃到此地，立即给予了妥善安置。曹嵩毕竟是当过太尉的人，瘦死的骆驼比马大，在陈留照样能过得很不错。曹操将父亲安顿好后，立即派出亲兵前往洛阳打探消息。

当夜，在陈留曹府，父子俩不免就洛阳事变有一番议论。

曹嵩说："此事变化也太快了，事先没半点征兆，而且不闹则已，一闹就闹得天下大乱。"

曹操说："面临如此突发灾难，我们曹家还能全身而退，实在是无比幸运了。"

曹嵩说："历史上多少人因靠山倒下而被株连，可谓是数不胜数，教训深刻啊。"

曹操说："这次幸亏父亲见机及时，只怕再迟几日，我们曹家就会被满门抄斩了。"

曹嵩说："这次兵变若不是闹得朝廷大乱，连皇帝都失去了联系，估计我们想逃脱都难。"

曹操说："对啊，事发突然，形势不明，能利用的时间也只有一两日而已，迟则生变。"

曹嵩说："此事对我们曹家来说，是福是祸现在还难以预料。但我有一点想不通，当时袁绍带着大将军府的亲兵冲进皇宫时，那些御林军呢？怎会无人抵抗？"

曹操说："宫中御林军有一大半听大将军指挥，估计是袁绍拿着大将军的令牌，号令御林军避让，当时事发突然，御林军一时没了方向，才让袁绍钻了空子。"

曹嵩说："哎，若是我们早做准备，手上握有一支武装力量，乘这次机会，说不定朝廷就被我们控制了。"

曹操说："父亲说得对，如果袁绍能有父亲这般聪明，他此时应该能控制朝政了。"

曹嵩说:"袁绍志大才疏,再好的机会放在他面前,他也未必抓得住。哎,可惜啊,就不知这个机会将落在谁的手里?"

曹操说:"父亲,你说一个人奋斗一辈子,若要从底层一步步干起,升到高位时头发都白了,但只要抓住一次天大的机会,几乎就能一步登天,是吧?"

曹嵩说:"话是这么说,但天大的机会需要你时时准备着,眼前这个机会,我们就没抓住,此时若谁手上有兵,人又在洛阳,那机会就是他的。"

不几日,哨探来报,说洛阳事变后,天子携百官流落乡野,在途中遇到了前来勤王的西凉刺史董卓,现董卓率兵平定了内乱,政局暂时稳定了下来。

收到这个情报后,曹嵩对曹操说:"这么看起来,最后的胜利果实是要被董卓给摘去了。"

曹操说:"听说董卓有'西北豺狼'之称,他一旦掌握朝政,只怕今后朝中百官更加难做了。"

曹嵩说:"若董卓执政,好处也是有的。毕竟他既不属于外戚集团,也不属于宦官集团,何进与十常侍之死应该不会引起连环报复,我们所担心的清除宦官余孽之事不会发生了。"

曹操说："那么父亲又可以返京官复原职了吧？"

曹嵩说："我毕竟老了，不想再去董卓手下混饭，但是你可以回去，不过董卓不是个能成大事之人，你一定要小心应对。"

曹操说："好的，我过几天就返回洛阳，朝廷经此一难，估计会有很多变化。"

董卓真没想到自己竟然能如此轻易地夺取了大汉的政权。他一到洛阳，原来朝廷的两大势力集团全部瓦解，大将军何进与十常侍两败俱伤，腾出了巨大的权力真空由他来填补，而且文武百官一度还将他当作了救星。

面对这多少人梦寐以求的朝政大权，面对这白送给自己的大汉江山，董卓一时间感到头晕眼花。他其实也没有心理准备，就像一个穷小子突然拥有了亿万财富，他的心脏在剧烈地跳动着，所有事情都让他不知所措。

由于此时的洛阳无人主持大局，只有董卓是拥有军队的实权人物，于是大家只得奉他为尊。董卓毫不客气地住进了何进的大将军府，并以为何进报仇为名，诱使何进的原属兵马归他指挥，这样一来，董卓的势力大增,在朝中可以说是说一不二了。

当晚李儒来到了董卓的府邸,对董卓说:"恭喜主公,贺喜主公,今主公大权在握,四海臣服。"

董卓答:"忙了几天,我的脑袋一直晕乎乎的,你说我这就算是成功了?"

李儒说:"那是当然,主公肯定是成功了,卑职恭祝主公能更进一步,创万世伟业。"

董卓问:"你觉得朝中这些大臣们对我能服气?"

李儒答:"若要成大事,首先需立威,威震当场,才能服众。"

董卓问:"如何才能威震当场?如何才能服众?"

李儒答:"如果主公的最终目的是取汉而代之,那么我们就先演练一下,比如说废立天子,如果这也能做到,那么下一步就容易了。"

董卓说:"那倒是,明日早朝后,我试试看。"

第二天早朝后,董卓邀文武百官赴温明园议事,等大家坐定后,董卓公然提出更换天子的建议，他说："如今的小皇帝刘辩懦弱无能，不堪大任，我觉得陈留王刘协还不错，年少聪慧，应该立他为天子。"

董卓的这个提议把大家都吓一跳，所有人心里都想，天子是谁想换就能换的吗？更何况你董卓算是什么东西？一个从西北来的粗陋汉子，你凭什么建议更换天子？

但看到董卓的威势，想到朝廷的禁卫军都掌握在他的手里，文武百官谁也不敢吭声，大家都感到空气有点凝固。正僵持间，忽然有人打破了沉默，一个身材魁梧的大臣出来说话了，大家一看，此人是荆州刺史丁原，丁原大声道："万万不可，天子岂是你董卓说废就能废的？你何德何能，敢妄议废立之事？"董卓心想，我就知道有人会反对，这不就来了？正好趁此机会杀一儆百，看谁还敢不服！

董卓拔剑在手，大喝一声："顺我者昌，逆我者亡，你丁原这是不想活了吧？"

丁原也不示弱，大声道："乱臣贼子，人人得而诛之！"话音未落，从丁原的身后走出一个人来，但见此人身高八尺，相貌英伟，头戴束发金冠，身着锦衣铠甲，威风凛凛，仪表堂堂，往丁原身前一站，这气势顿时震慑全场，连董卓也不禁倒抽一口凉气，不敢再说什么。

丁原虽然面斥了董卓的狼子野心，但他心里也知道董卓目前掌握着实权，既然话不投机，干脆不参与了，丁原扭头就离开了温明园，那个英伟青年也跟着他离去了。

丁原走后，大家都觉得无趣，聚会不欢而散，董卓悻悻地回到自己的府邸，李儒早就等在了那里，看到董卓面色冷峻，知道他事情办得不顺利，也不敢多话。突然大门外传来一阵马蹄声响，门卫来报，说有一位年轻将军在府门外骤马驰骋，耀武扬威。董卓与李儒听后大吃一惊，赶紧前去观看。只见刚才在温明园中站在丁原身后的那位年轻人金盔金甲，手持方天画戟，犹如天神下凡一般，在府门外来回驰骋，吓得董卓与李儒赶紧关上大门，不敢外出。

董卓立即让李儒从后门出去打听一下，此人是谁？如果有此人协助丁原，只怕自己独掌朝纲的美梦就得破灭了。

到了晚上，李儒回来禀报，说已经打探清楚，此人名叫吕布，字奉先，有万夫不当之勇，目前投身于丁原门下，丁原认他为义子。

董卓听后长叹一声："如此良将怎不为我所用，丁原有子如此，看来我所图谋之事定要落空了。"

李儒上前一步，对董卓说："主公勿忧，我打探得吕布有一致命弱点，就是见利忘义，主公若肯下血本，得此人不难。"

董卓道："如能收服吕布，没什么财物是我舍不得的，你看需要什么？"

李儒答："主公最珍爱的那匹赤兔宝马若能送给吕布，此事可成。"

董卓略一皱眉，沉吟半晌，这匹赤兔宝马是他从西凉良马中千挑万选，精心培育出来的，可谓价值连城，而且不可多得，拿它送给吕布，毕竟有点舍不得。

李儒劝道："主公不要舍不得，吕布若能归降，整个天下都是主公的，何必在乎一匹马？"

董卓想想也对，一匹马与整个天下比起来，那还是整个天下更重要，于是他一口答应下来，对李儒说："你就将此宝马牵去，劝吕布归降，我算你首功一件。"李儒得令而去。

曹操此时已回到洛阳，由于形势不明朗，他把家属留在了陈留，独自一人返回朝廷，决定先韬光养晦一段时间，看清楚各派势力之争的风向再说，以免站错队伍而导致身败名裂。

连续多日，曹操看到洛阳城中董卓带来的西凉兵马横冲直撞，甚至公然抢劫民宅。又听说董卓根本不把皇帝放在眼里，还要求废立天子，于是他认定董卓如此作为肯定不得人心，谁要是站在董卓一边，注定没有好结果。

曹操暗中观察，发现文武百官目前以司徒王允和太尉杨彪为首，私下结盟有反董卓之意。按理说他应该参与文武百官反董卓的阵营，但十常侍之祸虽然无人追究，却阴影犹在，大家还是把他看成是宦官余孽，谁都不愿与他为伍。

曹操是个心高气傲的人，别人越是看不起他，他就越想做出点名堂来让大家刮目相看。此时董卓采用李儒之计策还真是收服了吕布，有了吕布帮衬，董卓的气焰一下子暴涨数倍，他开始独断专行，不顾众人反对，换掉了汉少帝刘辩，让陈留王刘协当皇帝，是为汉献帝。

汉献帝登基后，封董卓为太师，总领朝纲，从此董卓成了一人之下，万人之上的权臣。

曹操冷眼旁观，见朝中大臣们虽然个个心中对董卓不满，但表面上谁也奈何不了他。众大臣以司徒王允为首，暗中串联反对董卓，曹操几次想加入他们，但总是被拒绝，原因是以前大家被宦官欺压怕了，而曹家是宦官之后，所以谁都不把他当自己人。

正当曹操一筹莫展之时，一天傍晚，忽然有人登门拜访，曹操一看，是掌管都城治安的执金吾李乾，曹操与李乾不熟，不知他今晚因何而来？曹操将他让进了书房，两人坐定，李乾开门见山地说："曹君，还记得南华学府吧？"曹操一听"南华学府"四个字，顿时眼中闪出一丝惊喜。

李乾说："我是南华仙翁的二弟子，前些日子回山拜见师父时，师父再三嘱咐我要协助曹君共扶大汉天下。"

曹操听李乾这么说，一下子感觉找到了亲人，毕竟南华仙翁对他有救命之恩，南华学府的人就如同他的家人一般。他站起来向李乾深施一礼，轻声道："仙翁身体可好？葱葱与孜孜可好？"

李乾说："大家都好，都很挂念你。"

曹操说："李兄来得太好了，如今董卓专权，朝廷不安，操欲孤身杀贼，李兄有何建议？"

李乾说："我今夜前来正为此事，董卓势大，又有吕布相助，非暗杀不可图之。"

曹操说："我听说董卓平时防守严密，不易接近，而且他为避免被刺，日常身着细铠衬里，寻常刀剑无法刺入。"

李乾说："司徒王允家藏七星宝刀，削铁如泥，曹兄若是有意，我可向司徒借得此刀。"

曹操说："多谢李兄，这行刺之事，还有多处需李兄相助。"

李乾说："曹兄尽管吩咐，小弟无不从命。"

曹操说："借到宝刀后，我假借向董卓进献之机，伺机刺杀他。这需要李兄配合，与我一同前去，必要时帮我引开老贼身边之人。"

李乾说："这个可以，我与你相互配合，一旦事情得手，我已替你安排好了撤退之路。"

有李乾协助，事情办得很顺利，王允听说是为了诛杀国贼董卓，非常爽快地就出借了七星宝刀。这一日，李乾与曹操一起去向董卓进献宝刀，到了太师府门口，门卫们都认识李乾，也有不少认识曹操，于是通报给了董卓，董卓让他们进去。到了董卓所住的"元庐"之外，李乾与曹操正遇吕布在此值班，李乾赶紧上去与吕布打招呼，说曹操欲将祖传宝刀进献给太师，图一个为太师效力的机会。

吕布见到曹操也不以为意，再看那七星宝刀的确不凡，于是就相信了，带着李乾与曹操进入"元庐"参见太师，董卓拿过曹操进献的七星宝刀看了又看，觉得不错，但他毕竟是见过世面之人，也不将此太当回事，看完随手将刀放在边上。既然曹操如此积极投靠，自己欲办大事，目前在朝中紧缺相助之人，董卓也有意接纳，就请曹操入座，打算与他谈论谈论。

此时李乾上前对董卓说："启禀太师，护军营有一批良马刚刚运到，听说吕将军善于相马，卑职想请吕将军去选几匹供太师府使用如何？"董卓与吕布都是爱马之人，听得此言，董卓立即答应了，吩咐吕布随李乾去选马。

吕布一走，就只剩下董卓与曹操，董卓对曹操说："朝中那批迂腐大臣不明事理，如孟德般英雄豪杰，他们竟然还不愿接纳，孟德就来帮我吧，等我成了大事，一定让你扬眉吐气。"

曹操说："多谢太师提携，曹某当肝脑涂地，以报太师。"

董卓因为人胖体虚，当时正值暑热，午饭吃过后，头脑缺氧，与曹操说话也只是敷衍，说着说着就有点犯困，曹操左看右看，见四周无人，突然跳了起来，拿过董卓放在身边的那把七星宝刀，拔出刀来。

没想到此刀太过于锋锐，刀刃出鞘自带一股寒气，董卓久经战阵，对这种杀气极为敏感，他迅速睁开眼睛，大喝一声："孟德意欲何为？"

曹操被吓了一跳，正在此时，大门口传来吕布说话的声音，曹操一下子就没敢动，手拿扯出一半的七星宝刀立即跪下，对董卓说："此刀刀身上的花纹显示其有久远的历史，相传来自春秋时期干将莫邪之手,在下是想让太师看一看。"

董卓听曹操如此说,面色才有所缓和,此时吕布已经走了进来,见到曹操跪地拔刀,也感觉有点奇怪。吕布对董卓说:"启禀太师,已选出七匹好马带到了太师府马厩,李乾说其中有一匹是给曹操的。"曹操一听,立知其意,急忙说:"是吗?那我去看一看,说完辞别董卓与吕布,退了出去。"

曹操来到马厩,牵过给他的那匹马,借口试骑,纵马扬鞭出城去了,李乾给他事先安排了逃跑路线,城门内外的关卡都给予放行,曹操慌不择路,绝尘而去。

事后不久,董卓与吕布也有点回过味来,想这曹操不会是以献刀为名前来行刺吧?立即派人前去捉拿,发现曹操早已出城逃之夭夭,不光是曹操跑了,连李乾也跟着跑了,于是立即发下海捕文书,悬赏捉拿。

曹操一路狂奔来到与李乾事先约定的地方与他会合,李乾还带着两名亲随,曹操对李乾说:"事已如此,我们只得举起反董大旗,你们随我回乡,我们召集人马,共赴国艰。"

李乾说:"我等愿随曹兄共扶汉室,我们现在打算去哪里?"

曹操说："我家人都在陈留，那里有不少曹氏故旧，我们先去陈留吧。"

于是一行人向陈留进发，此去陈留需要几天，曹操等人又是专找山野小路走，路途更远，中间经过成皋时，四人跑得精疲力尽，肚子早就饿坏了。

曹操说："此前不远，有我父亲的一位故交，今天既然路过，不妨前去拜访一下，他家在此地颇有影响力，以后起事会用得着。"

李乾说："我们当下都是被通缉之人，贸然泄露行踪不妥吧？"

曹操说："此人是我的叔伯辈，名叫吕伯奢，与我父亲交好，但去不妨。"

李乾说："以前曹家显赫，人人都想巴结，如今情形不同了，人心险恶，不可不防。"

曹操说："无事，无事，吕家我信得过。"

于是大家再无意见，一行四人来到吕伯奢家。吕伯奢不在，吕家子侄将他们让进了家里，好酒好饭招待，表面上非常热情，但李乾等人总感到他们的眼神异样，暗中向曹操提示了几次，曹操认为是自己做贼心虚，根本没放在心上。

酒过三巡，吕家大儿子吕猛对曹操说："曹兄一路辛苦，吾父恰巧不在，但不久即归，曹兄就在此留宿几日吧。"

曹操说："感谢吕家兄弟的款待，我等身有要事，留宿就免了，吃完饭后便即上路，吕老伯我下回再来拜见。"吕猛见曹操不肯留宿，眼中略有一丝不悦闪过，转头向四个弟弟使了个眼色，这一切李乾都看在了眼里，心中深为戒惧。

又喝了一会酒，吕猛的几个弟弟借口为曹操准备礼品提前离席了，吕猛对曹操说："当今天子依仗董太师，董太师威震朝野，曹兄离他而去，实在是可惜了。"

曹操说："国贼董卓，乱我朝政，我此番回乡，必举义旗为国除害。"

吕猛听曹操如此慷慨激昂，也就不再说什么了，大家酒足饭饱，尽兴而散。

曹操等人说了不少后会有期的话，辞别吕猛继续上路，刚走出没多远，只听一声呼哨，前后左右突然涌出了不少官军，为首一名参将大声道："大家一起上，捉拿反贼曹操，抗拒者格杀勿论。"

曹操等人大吃一惊,急忙拔出佩刀抵抗,一阵厮杀过后,李乾带来的两名随从力战而死,官军也损失了四五个人,曹操与李乾拼死逃脱,鲜血染红了衣襟。

当天深夜,曹操与李乾又摸了回来,出其不意地冲入吕家,将吕家老小数十口杀得干干净净,曹操说:"做大事者,不敢保证不误伤别人,但更加不能被别人陷害了。"李乾说:"曹兄说得对,对此等奸人,不杀不足以谢天下。"

曹操逃到陈留后,见到父亲,向他叙述了事情的前因后果,父亲见儿子已将事情闹到如此地步,不起事只有等死了,所以全力支持儿子起事。曹操回到自己家后,与夫人许樾凝说起反董之事,夫人说:"夫君做得对,董卓倒行逆施,天下志士人人欲除之而后快,只是竖起义旗容易,终成大事困难,这需要天下诸郡携手合作共伐董卓才有成功的可能。"

曹操说:"夫人高见,我明日就行此事。"

陈留毕竟是曹家根基之地,听说曹操竖立义旗招兵买马,欲除董卓匡扶汉室,大家都积极响应,有钱出钱,有人出人,一时间曹家内外热闹非凡。曹家与夏侯家的本家亲戚更是踊跃参与,夏侯惇、夏侯渊、曹仁、曹洪,李乾的侄子李典,李典的朋友乐进纷纷加盟。

曹操又募集了三千多兵马,按照他夫人的建议,假传皇帝诏书,召集天下各郡兵马来陈留相聚,共同勤王,讨伐董卓。

夫人许樾凝对曹操说:"天下对董卓不满的州郡很多,人心思变,现在只差一个首义之人,只要夫君你能登高一呼,必定天下响应,如果夫君能够当上反董联盟的盟主,那么大事可成。"

曹操说:"夫人所言极是,但天下各郡郡守各有各的背景,曹家碍于原先的宦官之后身份影响,只怕争当盟主会有一些阻碍。"

夫人道:"就算盟主争夺夫君不一定有望,但此次聚会,夫君一定要广结善缘收揽人心,同时关注天下各路英雄的长短,以备将来之用。"

曹操对他这位夫人的谋略深以为然,打心眼里由衷赞佩。

不几日,各郡诸侯陆续率军而来,曹操在陈留大摆筵席,款待各路人马。半个月内,前后共来了十八路诸侯,其中最有名气的是祁乡侯渤海太守袁绍与他的弟弟后将军南阳太守袁术,还有北平太守公孙瓒、乌程侯长沙太守孙坚等。

袁绍与袁术出身于当时非常著名的汝南袁氏家族,这个家族四代当中有五人位居三公高位,被称为"四世三公",袁绍与袁术是亲兄弟,父亲是司空袁逢，虽然袁绍是哥哥，但他却是父亲与家里的一个婢女生的，后来此婢女被扶成了侧夫人。而弟弟袁术却是长房大夫人生的，一直以嫡传子孙自傲，从小看他大哥不起，经常私下里讥讽他大哥是家里的奴婢之后。

但是袁绍从小长得眉清目秀，一表人才，由于在家族里身份低微，反而自幼懂事，好学上进，深得叔伯辈的喜爱。

公孙瓒这次除了自己来之外，还带了三位出身布衣的英雄，据说是灭黄巾时认识的战友，这三位英雄，大哥名叫刘备，二哥名叫关羽，三弟名叫张飞，虽然身无官职，却积极参与天下大事。

长沙太守孙坚，出身于江东名门大族，为人英勇善战，素有"江东猛虎"之称，孙坚部是所有军队当中战斗力最强的一支力量。

既然是反董卓联盟，就得有一个盟主，统一号令才能合力对外，但这盟主之位难产，有好几个人都有意争夺此位，其中最热门的是东道主曹操、名气最大的袁绍、最为自负的袁术和武力最强的孙坚等人。

曹操的强项一是东道主优先，二是天子诏书是由他带出发布的，但他的弱项是实力与影响力都不够大。大家经过反复博弈，最终得出一个所有人基本上可以接受的安排，让袁绍当盟主，袁术负责后勤粮草,孙坚为先锋,曹操参与中军决策。

曹操回家后将此事告诉了夫人许樾凝,夫人道:"看来十八路诸侯各有各的心思,人人都想扩充自己,削弱他人。倒是这孙坚很有勇气,但似乎有勇无谋,难以成事。"

曹操说:"袁家四世三公,门生故吏遍于天下,以袁绍的号召力,灭董卓应该不难吧?"

夫人道:"打仗打的是钱粮,袁绍明知他这个弟弟心胸狭窄,不能容人,怎会让他弟弟来负责粮草之事?"

曹操说:"粮草重任,袁绍不放心旁人,更何况大部分粮草来自袁家,由他弟弟掌管也算是服众之策。"

夫人道:"只怕袁术不堪重任,夫君刚才曾提到公孙瓒还带来了三位草莽英雄,不知是何来头?"

曹操说:"听公孙瓒说,此三人是平定黄巾之乱时冒起的异姓兄弟,发誓同生共死,立志匡扶汉室,那位大哥刘备还自称是汉室宗亲之后,两位弟弟看起来很是勇武。"

夫人说:"草野之中,多有英雄,此三人不可小视,宜加以结交,可为后助。"

曹操说："夫人眼光远大，不拘一格，我也觉得此三人有点意思，只是袁术常常看他们不起。"

夫人道："夫君小心行事，打仗不要太过冒进，多听取众人的意见为好。"

第二天，孙坚领本部人马作为先锋，逢山开道，遇水叠桥，先一步向洛阳进发。消息传到洛阳，朝廷中以司徒王允为首的文武百官皆面有喜色，董卓却大为惊惧，他立即召集自己的一班亲信研究对策，李儒说："十八路诸侯看似声势浩大，但必然各有打算，我们可以分而治之。"

董卓问："如何分而治之？"

李儒答："太师可派人去游说负责粮草的袁术，袁术此人最是目光短浅，见不得别人的好，只要他克扣大军粮草，诸侯联军自然就会内部分裂，对我们形不成威胁。"

董卓正要表态，只见已被封为温侯的吕布站出来说话了，他说："根本无需任何计策，在我看来，十八路诸侯就如土鸡野狗一般，我一人率军去，就能将他们全部宰了。"

董卓大喜，说："我有奉先，没什么可担心的了。"

他正要派吕布出战，从旁边又出来一员猛将，众人一看，是都督华雄，华雄道："温侯稍待，让末将先行出战，探得对方实力后，再由温侯出马不迟。"

董卓看到他的帐下能人还真不少，非常高兴，马上让华雄率兵迎战十八路诸侯。

华雄领兵来到阳平，正遇孙坚部，两军列开阵势，华雄舞刀出马，大骂孙坚反叛朝廷。孙坚也提刀出战，骂华雄助纣为虐自取灭亡。两将相遇，大战五十多合，华雄不敌，败退而去，孙坚率军冲杀，大胜华雄军。华雄败回洛阳，董卓才后悔不听李儒建议，赶紧派人前去游说袁术，说眼见孙坚勇猛，如任其坐大，对袁家将来不利，不如克扣粮草，阻止孙坚取得更大的胜利。袁术果然中计，采纳了克扣粮草的主意，导致孙坚军粮不足，无法继续向前。

此时袁绍与曹操所率主力已来到距离洛阳不远的虎牢关前，董卓得报后迅速派出吕布迎敌，吕布率军来到虎牢关前，十八路诸侯一连几日派兵出战都被吕布打退，大家见识了吕布的非凡武力，都觉得吕布非一人可敌，为了国家大义，不惜与他车轮战或多打一。

这一日，袁绍与曹操带着所有将领一起来到寨前观战，只见吕布金盔金甲，胯下赤兔马，手中方天画戟，在两军阵前来回奔驰，耀武扬威。袁绍军中先后派出穆顺、武安国、公孙瓒等人轮流与吕布大战，吕布轻描淡写，一一击败对手，直打得袁绍的联军斗志涣散，望天哀叹。

正在无计可施之时，袁绍军中又冲出一将，此人乃刘备的三弟张飞，张飞手持丈八蛇矛与吕布大战五十回合不分胜负，他的二哥关羽心想，反正我们兄弟三人目前也没啥身份来头，不怕丢人，不如我上去与三弟一起夹击吕布。于是关羽冲了上去，手舞青龙偃月刀，与张飞两人一左一右，将吕布围在中间厮杀。吕布经过多日连续作战，本就有点疲劳积累，今日又是一番车轮战，更是人困体乏，现在遇到关羽和张飞联手合击，一时无法取胜，战的回合多了，渐渐落了下风。

看到吕布渐渐不支，关羽与张飞越战越勇，此时吕布想脱身离去也已不能，关羽和张飞知道吕布想溜，心想反正赤脚的不怕穿鞋的，我们兄弟俩无名无分，而吕布是闻名天下的战神，我们今天就合力捡这个便宜杀了他，也好为联军进攻洛阳扫清道路。

吕布此时暗暗叫苦不迭，心想自己是托大了，以为能无敌于天下，看轻了十八路诸侯联军，连日来屡战屡胜，还以为对方已没有能人了，没想到不知从哪里冒出两个无名勇士来，搞得自己脱不了身，照这么打下去，估计今天得战死沙场了。

正在这个时候，站在一旁的刘备也看出了机会，其实这机会人人都看得出，只是大家都要脸面，只有刘备不在乎，他竟然拔出双股剑，大呼一声，加入了痛打吕布的战团。刘备本想机会难得，今日在十八路诸侯面前，若能与两个弟弟一起合力杀了吕布，从此天下扬名。

但刘备没想到的是，自己的武功太差，他不上去，关羽和张飞还能集中力量对付吕布，他一上去，顿时险象环生，吕布的方天画戟只需带到一点就会送了他的性命，关羽和张飞不得不分出大部分精力来保护他。吕布也看出了名堂，他连续几戟向刘备刺去，关羽和张飞急忙去保护，吕布乘机突出重围，潇洒离去。

吕布这一败可把董卓给震动了，他心想十八路诸侯看来有点挡不住啊，虎牢关一旦失守，洛阳就悬了，假如天子与文武百官被诸侯们劫了去，我立即就要落草为寇了，那怎么行？他赶紧叫来李儒，问他该怎么办。

李儒说："为今之计，我们不如迁都，挟持天子、文武百官还有全城百姓西去长安。"

董卓说："这个动作有点大，迁都可不是件容易的事。"

李儒说："眼见十八路诸侯就要打进来了，温侯新败，无人可挡，也只能迁都了。"

董卓想想也是，有天子在，他是太师，若天子被别人救走，他就成反贼了，既然无可选择，那就迁都吧。

洛阳迁都，声势浩大，全城百姓，哭爹叫娘，从天子到百官其实谁都不愿意走，但在西凉军刀剑的逼迫下，也不得不跟着走，董卓、吕布等趁机率军抢劫，大饱私囊之后还一把火烧毁了洛阳的皇宫。

过不数日，诸侯联军的先锋孙坚率军攻入了洛阳，此时整个洛阳一片残垣断壁，皇宫被烧成了瓦砾。孙坚下令先去皇宫救火并清理物品，在清理的过程中有人来报，说在一口水井里捞起一个被淹死的宫女，在宫女的怀中抱着一个盒子，盒子里装的竟然是传国玉玺。孙坚获得传国玉玺后大喜，认为天命已然归他，再也无心恋战，独自率军返回他的老家江东，准备承接天命。

两天后，曹操随着联军主力入城，他和其他人的目标都不一致，其他人纷纷加入了财物的争夺战中，只有曹操的目标是解救天子。但天子已被董卓挟持到长安去了，曹操向袁绍提出建议，联军应该马不停蹄地去追，但袁绍却没有那个想法，他得知传国玉玺被孙坚掳走，气不打一处来，再也无心恋战，只想派人去夺回玉玺。

曹操看到各路诸侯全都各怀私心，再战无望，只得长叹一声，带领本部三千兵马前去追赶董卓的军队，结果在半路上被吕布打了回来，损失惨重。大家一看连曹操都败了，那就别干了呗，就此散伙，各回各家，曹操也只得告别众人，返回陈留。

回到家后，曹操把反董联盟的结果对夫人许橄凝说了，夫人道："诸侯各怀私心是意料中事，夫君当择一城为根据地，打下自己的基础，稳步扩充实力，以图继续发展。"

曹操问："依夫人之见，以何处为根据地最佳？"

夫人道："距此不远，有一地名为许昌，此地虽为'四战之地'，无险可守，但同时也交通方便，是各地之枢纽，为兵家所必争之地。"

曹操问："若据此地，无险可守，岂非为强者所灭？"

夫人道："小富即安者，当守险要以自保；心怀天下者，宜择通衢而纵横。夫君岂是龟缩自保之人，择此战略要地，以除寇为名，在运动战中歼灭黄巾军的有生力量，以扩充自身势力范围为第一要务。"

曹操大赞道："夫人高见，夫人知我！"

第二日，为了躲避即将到来的战火，让自己能全心投入战斗中去，曹操安排父亲及家人暂时去泰山附近的琅琊郡隐居，然后率领军队占据了许昌，着手在山东境内拓展领地，消灭一切敢于不归顺他的势力。当时山东境内盗贼横行，黄巾军占据多个城池，曹操率军平乱，攻城略地,所向披靡。

在此过程中,曹操还派出大量哨探前去探听长安的朝廷之事,每几日都有情报传来,所以他对长安之事了如指掌。据说董卓到长安后,作威作福,欲取天子而代之,司徒王允设美人计使董卓与吕布反目为仇,借吕布之手杀死了董卓。但没想到董卓一死,他手下的西凉军因此造反,西凉军将领李傕、郭汜、张济、樊稠在谋士贾诩的帮助下,打败了吕布,取代了原先董卓的位置,继续祸国殃民。

曹操目前在山东自顾不暇,也没能力去拯救天子,他先要安定自己的根据地。在平定山东的过程中,他又招收了许多文臣武将,其中著名的谋士有荀彧、荀攸、程昱、郭嘉、刘晔、满宠、吕虔;著名的武将有于禁、典韦。有了这些人的帮助,曹操可谓如虎添翼,他迅速夺取了山东及周边各州郡,收编了数十万黄巾军,组建了自己的班底"青州军",连朝廷也不得不封他为镇东将军,曹操从此站稳脚跟,威震山东。

第三章

捷报连祸事

很多成功人士都会败在一件小事情上，大风大浪容易应对，细小意外难以防备。

异性之间的和谐是千古难事，越是成功人士，越难以两全。

拍马屁是一门很大的学问，做好了青云直上，做错了甚至惹来杀身之祸。

成功男人生命中的第一个女性往往是享受不到胜利果实的。

都说"乐极生悲""物极必反"，所以做任何事都应保持 85 分心态。

曹操取得如此大的成就之后，他立即想要将喜悦分享给最爱的夫人许樾凝，既然山东已平定，暂时没有危险了，他就派泰山太守应劭亲自去琅琊郡将自己的父亲与家人接过来团聚。曹操心里想，他的这位夫人美丽贤惠，更难能可贵的是目光远大，胸中藏有整个天下，谋略不输给任何军师，有她在身边，万事不足惧。

为了迎接夫人的到来，曹操在许昌特地建了座"樾凝宫"，依山傍水，景色绝佳，他想着等夫人到后，从此与她日日相伴，欣赏大好河山，是何等的美事。

泰山太守应劭亲自来到了琅琊郡曹府，将曹操平定山东的好消息告诉了曹父与夫人，说要接大家去许昌合家团聚。全家人听后都无比欢喜，于是整理金银细软，珠宝首饰，三日后与应劭一起启程，前往许昌而来。

曹父一行途中路过徐州，徐州太守陶谦得到消息，他知道如今的曹操声势浩大，正打算前去巴结，现在来了这么一个机会，于是赶紧出城迎接，将曹父一行接入城中好生款待，好吃好住招待了数日，曹父说要继续赶路，陶谦送了许多礼物，还加意讨好，特派一支亲兵卫队随行保护。

次日车队行到半途忽遇暴雨，大家只得冒雨寻找宿处，好不容易找到一座古寺躲雨，陶谦的亲兵卫队军士们个个被淋成了落汤鸡。曹家人因为有车乘坐，都没有淋到雨，但看这天气，今晚只怕要在庙里过夜了，曹父命人将车上的一批重要箱子搬下来，放到寺庙里去，免得被雨淋湿。

在搬箱子的过程中，由于箱子过于沉重，有个士兵脚底一滑，摔了一跤，一只箱子被摔在了地上，箱盖打开，掉出了许多耀眼生花的金银财宝，把周围的军士们都看傻了，他们大多出身草莽，何时见过如此多的财物？

到了晚上，卫队头目张闿暗想，我们拼死拼活地沙场征战，几辈子都挣不到别人九牛一毛的家产，我们图什么？这家人家如此有钱，不如趁着夜黑人静，我们假扮盗匪，杀人越货，劫了这批财物，逃到深山里去，从此逍遥快乐。他将此想法与几个亲信一商量，大家都觉得好，于是到了后半夜，张闿的卫队突然发难，杀死了曹父全家四十余口，包括曹操夫人许樾凝，劫走了财物，逃之夭夭。

消息传到曹操那里，曹操顿时两眼一黑，扑地摔倒，被两旁众人扶起，他放声大哭，口中呼叫着父亲与夫人，泪如雨下，无法自制。大家纷纷上前劝慰，曹操捶头顿足，指天画地，像发疯一般，大喊："陶谦老贼，杀我全家，我与他势不两立！"

经过众人反复相劝，曹操才略微安定下来，他立即命人布置灵堂，吊唁父亲与夫人，然后全军缟素，打出旗帜，上书"报仇雪恨""诛杀陶谦""踏平徐州""全城抵命"。三日后，曹操亲率大军浩浩荡荡向徐州杀去。

此事传到徐州，也把陶谦给吓晕了，他万没想到马屁拍到马腿上，好弄不弄搞出一个杀身大祸来，他愿意只身抵命，但曹操却声称要将徐州屠城，让全城百姓一起抵命。陶谦是个老实人，他平时爱民如子，深受百姓拥护，当此关键时刻，不能让全城百姓为他陪葬，于是他发出了求救信息，请一些与自己有交情的朋友前来帮忙。

九江太守边让，东郡从事陈宫，北海相孔融等人都与陶谦相熟，纷纷前来救援。在救援队伍中还有三人不请自到，他们是刘备、关羽和张飞，这三人没有自己的根据地，到处流浪，哪里有事就去哪里，这次听说徐州有难，就赶紧前来相助。

大家听说曹操的大军一改常态，在进军徐州的途中，沿路杀人放火，声称要让所有人为他夫人抵命。陶谦心想曹操这次是疯了，因为他最爱的夫人被张闿所杀，让他神志不清，气昏了头脑，这时就算自己前去谢罪估计也是无用，只得拼死抵抗。

不一日，曹操率军到了徐州城下，先锋夏侯惇开始攻城，陶谦等人在城头苦苦坚守，忽见远处一员小将杀奔过来，此人冲入曹军阵中，遇神杀神，遇鬼杀鬼，如入无人之境。一转眼，小将军来到了徐州城下，他杀退攻城的士兵，大声喊道："我是江东太史慈，特来报恩于孔融大人，解救徐州之围。"孔融一看，果然是太史慈，于是下令放他进来。太史慈年少英雄，从小闯荡江湖，在一次危难之际，孔融救过他全家，所以这次听说孔融前来救援徐州，太史慈也赶过来帮忙。

面对曹军的猛烈进攻，虽然徐州兵马充足，支撑些时日并无问题，但这终归不是长久之计，陶谦一度想撂挑子不干了，将徐州牧的位置让给唯一没有职衔的刘备，但刘备不肯接，其实是怕接不住，陶谦只得聚集众人商量退敌之计。刘备说自己与曹操旧日有交情，愿写书信一封，劝曹操退兵。大家心中好笑，想曹操岂能因你刘备的一封信而退兵？但嘴上无人反对。

陈宫足智多谋，他提出一个建议："听说吕布自从被李傕、郭汜打败后，一直没有落脚点，我们应以重金去邀请吕布攻打曹操的大本营许昌，只要许昌出险，曹军必退。"最后陶谦决定，两个方法一起用，让刘备与陈宫各写书信一封，刘备的送去给曹操，劝他罢兵。陈宫和太史慈两人携带礼物一起脱围而出，去劝说吕布偷袭许昌。

曹操接到刘备的书信后，一阵冷笑，心想你刘备是什么东西，竟敢来劝我罢兵？命令军队，继续攻城，我就不信，你这徐州城攻不下来。但是他没想到的是，这事机缘巧合，没等太史慈将书信送到，吕布已经在往山东进发了。自从吕布逃出长安之后，先是去投靠袁术，但袁术看不上他，不肯接纳。吕布无奈，又去投靠袁绍，袁绍一开始接纳了他，但后来见他狂妄自大，就将他赶了出来。

于是吕布又去投靠张杨，张杨与他共事不久，双方的关系也处不好，张杨甚至想要杀他。吕布又跑了出来，接着想去投靠张邈。此时陈宫与太史慈到了，陈宫留下协助吕布，太史慈完成护送任务后告辞走了。在陈宫的劝说下，吕布放弃了投靠张邈的打算，听陈宫的建议，率军袭破曹操的兖州，进一步进据濮阳，威胁许昌。

曹操接到许昌发来的急报，得知吕布袭击自己的大本营，心里就慌了，急忙下令撤军，但为了面子好看，还给刘备回了一封书信，说因听了刘备的劝告，于是放过了陶谦和徐州的满城百姓，自己打道回府了。

回到许昌后，听说吕布的大军还在濮阳，曹操故作轻松地笑了笑，不当回事地说："吕布有勇无谋，我必擒之。"

于是曹操率领大军向濮阳进发，在濮阳城外遇到了吕布的军队，吕布将军队一字排开，左有张辽，右有高顺，前有臧霸，后有郝萌、曹性、成廉、宋宪四将，吕布居中，严阵以待。曹操大喝："吕布，你我无冤无仇，为何犯我领地？"吕布答道："此乃大汉之天下，见者有份，你占得，我也占得。"

曹操命令乐进出战，吕布军中臧霸接着，两将大战二十回合，乐进越战越勇。曹操这边，夏侯惇又拍马而出，吕布军中张辽接战，四将捉对厮杀，又打了很久，但不分胜负。吕布看得恼火，心想这又不是小孩子做游戏，有必要打那么久吗？他亲自提方天画戟出马，冲杀过来，曹操阵中无人敌得过吕布，被吕布杀得大败，全军撤回营寨。

回到营寨后，曹操暗中生气，心想这吕布是够厉害，我们打他不过，怎么办？于禁说："主公，今日吕布得胜，肯定骄傲自满，我们若半夜里去偷营劫寨，他必然没有防备。"曹操同意于禁的说法，于是准备夜袭吕布。

吕布回去后，果然得意洋洋，觉得曹操也不过如此，要说打仗，天下无人是他的对手。这时陈宫过来对吕布说："将军不要麻痹，曹操善于用兵，今日他败了，夜里一定会来劫营，我们要做好准备。"吕布倒是很听陈宫的话，派出手下将领们四处埋伏，防备曹操偷营劫寨。

当天夜里，曹操果然率兵前来，杀入吕布的营寨后才发现自己上当了，一声锣响，四周火光冲天，喊杀震地，吕布亲自引诸将杀到。曹操军中乐进与于禁双战吕布不下，吕布的大军一片喊杀之声，将曹操的军队打得落花流水，曹操没命似的奔逃，四周箭如飞蝗，吕布的军队围了上来，曹操眼见逃不掉了。这时只见周围的敌军如海潮般被掀翻，一员猛将两手各持一支铁戟，发疯似的向曹操这边杀来，曹操一看，是他的护卫大将典韦，于是略感放心。

典韦来到曹操身边，杀散吕布的军士，保护曹操撤退，有典韦在，吕布的军士们近不得曹操身前。曹操正有点放心之时，忽见吕布亲自杀到，吕布大喝一声："曹贼休走，吕布来也。"典韦本来对于身边的众多敌军士兵尚可应付，但吕布本人一到，典韦也吃不消了，正在这危急时刻，夏侯惇引军赶到，典韦与夏侯惇两人拼死挡住吕布，曹操这才得以脱身。

吕布收兵回城后，与陈宫商议，说今夜差一点捉住了曹操，只可惜最后让他跑了，陈宫对吕布说，濮阳城中有个富人名叫田文，我们让他修书诈降曹操，就说吕布残暴，城中百姓多有怨气，自己愿里应外合，开城放曹军入内，消灭吕布。如果曹操上当前来，我们就瓮中捉鳖，管保叫他来得回不得。

吕布听从陈宫之计，立即安排执行，曹操接到田文的诈降信后大喜，这就要领军前去袭击吕布的濮阳城。谋士刘晔上前劝说，他说："吕布固然无谋，但陈宫多智，主公不可冒失行事。"

但曹操此时已被吕布打懵了，急于翻盘，不听刘晔规劝，执意要去。

曹操心想，原本我都夸出了海口，说吕布无谋之辈，收服不难。结果倒好，接连被吕布打败，这面子是真的没地方搁了，若不乘这个机会扳回它一局，以后的仗还怎么打？所以曹操不听谋士规劝，固执准备按照与田文约定的夜半时分率军前去偷袭濮阳。

到了濮阳城外，曹操果然看到田文约定投降的标记，几面写有"义"字的大旗在城头偷偷展露，曹军一到，濮阳城门就悄然打开了，曹操心想：此乃天助我也。他让夏侯惇引军在左，曹洪引军在右，自己引夏侯渊、李典、乐进、典韦四将准备进城。

李典比较谨慎，他对曹操说："主公切勿亲自进城，就让我等先去探一探虚实吧。"曹操不听，回答道："我率军打仗一向都是身先士卒，若我惧怕不前，其他人怎会敢于拼命？"说完亲自带队攻入城去。曹操率大队人马进城之后，才意外地发现，这是一座空城，他立即意识到上当了，赶紧想撤回去，但为时已晚。只见城头伏兵四起，城中事先埋藏了很多火药，伏兵将火箭射出，城中顿时冒起了漫天大火，四周喊杀震天，箭如雨下，曹军一时没了方向，自相践踏，四散奔逃。

吕布、高顺、张辽、臧霸等诸将率兵从四面八方袭来，典韦急忙护着曹操向城门外杀去，一路艰难杀出重围，到了城门口，典韦回头一看，发现曹操不见了，顿时急出了一身冷汗，于是又返回去寻找。找着找着在乱军中遇到了于禁，典韦问于禁可曾见到主公。于禁说他也在找，但一直没找到，典韦又朝敌军人多的地方杀过去，极力寻找曹操的踪迹。此时的曹操也已狼狈不堪，在乱军阵中，很容易就被打散了，与典韦失去了联系，他一个人到处乱跑。有一次他都看到吕布率军从面前冲过，把他吓得不敢动弹。

典韦来回冲杀了好多次，才总算在一片废墟下找到了曹操，他见曹操的须发都被大火烧焦了，只得赶紧带上他往城外杀去。一路上不断有被火烧断的残垣倒塌下来，敌军也一次次地围上来，典韦左支右绌，难以护卫周全。正在此时，吕布军中的高顺、侯成等率军杀到，恰巧曹操军中的夏侯渊与乐进也跟着杀到，双方一阵混战，典韦才得以保护曹操逃离了濮阳城。

曹操回到营寨后，看到自己的须发都被烧没了，众将个个灰头土脸，神色沮丧，不禁哈哈大笑起来，众人不解，皆问主公为何发笑。曹操说："吕布小儿，使用陈宫的阴谋，暂时占得一点小便宜，不足为虑，我有一计可胜吕布。"

大家心想，我们主公败而不馁，着实是大将风范，且听他有什么主意。只见曹操站起来对大家说："你们这就向外发布消息，说我回营后因伤势过重不治身亡，全军挂孝准备撤退。吕布得报必然率军追击，我们预先埋伏，打他一个措手不及。"

吕布听说曹操已死，曹军正在撤退，大为兴奋，也没有知会陈宫，直接率军前去追击，结果在半道上中了曹军的埋伏，被打得丢盔弃甲，抱头鼠窜，曹操总算扳回了些面子。

此时有探马来报，说许昌附近出现黄巾军的踪迹，荀彧传来书信，建议曹操回军保卫根据地。又有消息说，徐州的陶谦死了，临死之前将徐州牧的职位让给了刘备，现刘备总领徐州，因施政有方而获百姓拥戴。曹操听后大怒，心想我死了全家，大仇未报，倒让刘备小儿白捡个便宜，这怎么可以？我还得去攻打徐州，为夫人报仇。

郭嘉前来劝解，他说："最近正值春末粮荒时节，各地全都缺粮，饥民不断涌现，这才导致盗匪横行。黄巾军重现踪迹，此时不宜再进行大的战役行动，不如暂时与吕布罢兵，我们先回去剿匪，打击黄巾军，安定后方是第一要务。"曹操觉得有理，同意了郭嘉的建议。

曹操率军回到许昌，再次来到"樾凝宫"自家的灵堂吊唁夫人，面对着夫人的画像，他真是百感交集，想起当年在神仙谷与夫人初会的情景：那时的夫人清纯得如同不食人间烟火一般，夫人的琴声悠远绵长，夫人对天下事的判断精准而有远见，如果夫人还在身边，曹某何至于如此狼狈。

想到夫人的一颦一笑，一言一行，曹操不禁潸然泪下，心情激荡，泣不成声："夫人啊,我本想与你白头偕老,等天下太平了,一起在此安度晚年,没想到你竟然中途离我而去,你不在身边的朝朝暮暮,我一个人是何等地孤单寂寞。父亲也不在了,兄弟姐妹都不在了,我已没有亲人,每天晚上,我想你都想得睡不着觉,我本打算去杀了陶谦这个老贼给你报仇,但没想到他死在了前面,我定要将他掘墓鞭尸,以泄心头之恨。"曹操一边喃喃低语,一边恍恍惚惚地在夫人的灵位前睡着了。

第二天,郭嘉对曹操说:"主公,最近军中粮草不足,如不赶紧想办法解决,只怕军心不稳。"

曹操说:"如今正值粮荒时节,老百姓也没饭吃,我们去哪里搞粮草啊?"

郭嘉道:"为了安定民心,当然不能向老百姓征粮,我听说最近有好几支黄巾军到处抢掠,已各自囤积有不少粮草。我们不如借剿匪为名,打击黄巾军,缴获他们的粮草,这样不但解决了军粮匮乏的问题,还能受到老百姓的欢迎。"

曹操一听觉得此计可行,虽然黄巾军的粮草也是从百姓那里抢劫来的,但我们从黄巾军手中将粮草抢过来,就不算是直接向百姓征粮了,百姓不但不会有意见,还会拥护我们的剿匪行动,因为我们占据了正义的制高点。

接下去的一段时间,曹军到处以剿匪为己任,夏侯惇、夏侯渊、典韦、曹仁、曹洪、乐进、李典等诸将分头率领人马将流窜各地的黄巾军势力逐一消灭,从他们那里缴获大量的粮草,充实了自己的粮库,有部分还分给了饥饿的百姓,获得了百姓的热烈拥戴。

自从曹操的夫人死后,来给他说媒的人是络绎不绝,曹操说:"我已经独掌军权,纵横由心,娶妻不需要对方有显赫门第,只要人好就行。"过不太久,他娶了老家一个大户人家的女儿丁珏为妻,丁珏过门时还带着一个丫鬟刘茵。

新婚之初,夫妻琴瑟和谐,丁珏擅长水墨丹青,常常给曹操画像,一画就是许久,曹操很有耐心,总是陪着夫人画画,有时他也会帮夫人画眉,闺房之中,其乐融融。丫鬟刘茵善解人意,适时进退,她喜欢烹饪,"溪鱼菌菇""豆腐三鲜""酱汁牛肉"等都是她的拿手菜品。曹操不在家时,夫人与丫鬟相处得非常融洽,她们都指望这天下能尽快太平,曹操能有更多的时间在家里,那么她们也就别无所求了。

曹操经常很晚回家,夫人与丫鬟总是等着他,他到家后都有热汤喝,曹操也时不时给夫人带回一些小礼物。因为每次打仗结束后总会有点战利品,常常能从对方将领的女眷住处搜出不少水粉珠宝,曹操都会选好的拿回来送给夫人,有多的也给夫人的丫鬟刘茵,所以丫鬟刘茵也对这位老爷充满了好感。晚上曹操会对夫人说一些他白天所遇到的奇闻异事，不少有趣的事情都能逗得夫人开怀大笑。夫人也常对曹操说些家里发生的琐事，都是衣食起居之类，还说老管家翁酞对她们很是照顾。当初曹家满门被杀时，老管家翁酞因跟随在曹操身边侍候而逃过一劫，算是曹府中仅存的老人了。

这一日，忽然有人来报，说典韦、夏侯渊等将在剿匪过程中遇到一个壮士，此人勇武过人，手挟牛犊能在山野中奔跑如飞，他一个人就制服了数十个黄巾军匪徒，与典韦、夏侯渊等将大战不落下风。曹操是个爱才之人，听说有如此勇猛的壮士出现，大喜，立即前往观看。

果然，到了前线，他看见有一个壮士和典韦战在一处不分输赢。曹操略感惊异，心想典韦在自己军中属于第一流的勇将，要是有人能与他并驾齐驱，这可不容易啊。于是赶紧召回典韦，回营找郭嘉设计活捉对手，郭嘉道："此壮士勇虽勇矣，但容易对付。"郭嘉将计谋告诉曹操，曹操大喜，命人在深夜里挖陷坑，面上加以掩饰。第二天让典韦再去邀战对方，且战且退将对方引到陷坑附近，打着打着，对方一个没注意连人带马跌进陷坑中，埋伏的士兵一涌而出，将这位壮士绳捆索绑押到曹操面前。

曹操亲自为他解绑，扶他落座，给他披上锦袍，壮士说他名叫许褚，就是本地村民，因黄巾军不断劫掠村庄，他不得不奋起反抗。曹操无比诚挚地邀请他加入自己的队伍，许褚被感动了，于是同意跟随曹操，并回乡召集了数百位勇士一起加入曹军。

郭嘉对曹操说："此时我军的粮草已然足备，但听说吕布军缺粮，他不得不时常派人出城征粮，乘此机会，我们可以返回攻取濮阳，定然获胜。"曹操听从了郭嘉的建议，率军再次向濮阳进发。

濮阳城内，富户田文府上每晚灯烛都熄得很迟，自从上次陈宫出主意让田文写诈降书信诱曹操上当而让曹操差点丧命之后，田家人终日惶恐不安。他们知道曹操可不是好惹的，本来两军对战与他们家毫不相干，但陈宫此计却莫名其妙地硬将他们牵涉了进来，哪天一旦吕布失败或者逃跑了，那他们田家人岂非要被曹操斩尽杀绝？

田文想想都不寒而栗，他夫人更是每日哭哭啼啼，说："吕布本不是当地人，他率军东征西讨，居无定所，哪天只要一走，我们田家必定落不了好，但如果我们提前搬家走人，从此亡命天涯，面对祖祖辈辈传下来的大片土地房屋又舍不得，真是左右为难。"

曹操率军向濮阳进发途中路过兖州，兖州也被吕布军所占据，守将薛兰、李封出城迎战。许褚新投靠曹操，急于立功，率先拍马而出，以一敌二，大战薛兰与李封，没有几个回合，许褚斩李封于马下，薛兰眼见不敌，调转马头往回就逃。吕虔在曹操军中一箭射出，正中薛兰，吕布军大败，曹操乘机夺取了兖州。

接着曹操重编了队伍，让许褚和典韦为先锋，夏侯惇、夏侯渊为左军，李典、乐进为右军，曹操自己率领中军，于禁、吕虔为后卫，一路浩浩荡荡向濮阳进军。到了濮阳城下，其时正值吕布手下诸将外出征集粮草未归，城中只有吕布与陈宫两人防守，陈宫对吕布说："曹军势大，不可轻敌，我们只需坚守城池，等众将征粮回来，再与曹操决战不迟。"

吕布说："公台（陈宫字公台）太胆小了，我吕布怕了谁来？曹军正面与我交锋，我就没有不胜的。"不听陈宫之劝，独自率军出城迎敌。

曹操军中见吕布亲自出战，许褚拍马上前接住，两将大战二十回合不分胜负。曹操心想，吕布可不是一个人能战胜的，干脆让身边诸将全都上去围攻吧，于是下令典韦、夏侯惇、夏侯渊、李典、乐进一起出战，五员大将加上许褚，六人围攻吕布。吕布这时候感到有点吃力了，又打了十几个回合，吕布心想，曹操手下的将领可真多，六人打我一个，我倒真是打他们不过。

于是吕布拨转马头，打算逃回城内，刚来到吊桥边，只见吊桥高悬，城楼上已经改换了旗帜，田文在上面大呼："我已经献城给曹将军了。"吕布大骂田文，但看到后面六将追来，无奈之下只得转投他处而去。田文迅速打开了城门，放曹军入城，由于变起仓促，陈宫也没防到田文这一手，眼见曹军入城，只得急忙携带上吕布的家眷，开东门逃了出去。

曹军攻占了濮阳，由于田文献城有功，曹操赦免了他以前的罪过，田文也算是保全了他的家产与满门性命。这时郭嘉对曹操说："吕布是一只猛虎，此时正是他势力最弱的时候，我们要赶尽杀绝，不可放他一条生路，否则将来必为大患。"曹操觉得郭嘉说得对，于是留下刘晔守城，其余人随自己继续去追杀吕布。

吕布此时逃到了定陶，陈宫也来到此处与他相会，定陶目前只有张邈、张超两人在，吕布的部将高顺、张辽、臧霸、侯成还在外面收集粮草未归，曹军到后，吕布记着以前的教训，不敢轻易出战。曹操三番五次邀战，吕布始终不出，于是曹操命令军队后退四十里下寨。下寨后他亲自观察了周围的地形，看到营寨前面有一大片麦田，麦子已经开始熟了，麦田的旁边是一座小山，山上树林密布；麦田的另一边是一道又宽又深的泄洪渠，于是他命典韦、许褚、夏侯惇、夏侯渊率大军埋伏在水渠里，又派人去山上遍插旌旗，在营寨中留很少一部分人马，让于禁与乐进率军前去割麦子。

消息报到吕布军中，吕布心想，曹军肯定也缺粮，所以不得不在此关键时候还抽空去割麦子，我正好乘机率兵突袭，别让他们割了麦子充实了军粮，吕布也不告诉陈宫，自己就带着军马出城袭击曹军去了。

来到曹军割麦子的田地附近，吕布忽然发现在旁边的小山树林中影影绰绰有许多旌旗隐匿，他心想曹操必然在此藏有伏兵，于是率军围住了小山，四周放火，将此山给烧了。山被烧后吕布才发现其实山上无人，他立即有种被愚弄的感觉。眼见割麦子的曹军纷纷撤退，吕布就想干脆直接去攻破曹军的营寨，刚到曹营之前，忽听营寨中鼓声大作，号炮连天，吕布惊疑不定，不敢向前，此时在他背后的水渠中伏兵四起，从后掩杀上来。

打仗最怕的就是出乎意料，因为大军行动需要提前计划，好几万人每人想的都不一样，若事先没有预案，临时转换方向，往往会导致军心大乱。军心一乱步调就不一致了，几万人各走各的，立即就溃不成军。此时吕布军被曹操的伏兵团团围住，一通砍杀加上自相践踏，三成当中去了两成，吕布虽勇，但面对夏侯惇、夏侯渊、许褚、典韦、李典、乐进等六将齐攻也无能为力，只得带着残兵败将落荒而逃。

吕布逃回定陶后，陈宫对他说，"我军已经没多少人马了，定陶城池狭小，城墙也不坚固，肯定守不住，不如另投他处。"于是吕布与陈宫放弃了城池，去寻找征集粮草的诸将，曹军顺利占领了定陶。

吕布率军离开定陶后，寻到了高顺、张辽、臧霸、侯成等人，大家凑在一起商议，下一步该去哪里？想来想去，只感觉天下虽大，但却无容身之地，现在自己手头兵力不足，硬去与人争战似乎赢的把握不大。

想来想去，吕布觉得还就是袁绍曾经善待过自己，要不然再次前去投靠？陈宫说："人心反复多变，将军不可大意，不如先派人去探听一下袁绍的真实意图再说。"吕布听取了陈宫的建议，派人前去打探袁绍的心意。

过不多日，探马回报，说袁绍已派出大将颜良率军前来协助曹操剿灭吕布，吕布听后大惊，心想幸亏没有贸然去投，否则变成自投罗网了。"袁绍那里既然不行，我们该投何处去呢？"陈宫说："要不然我们去投刘备吧，刘备新近占据了徐州，而且他向来有仁义之名，投靠他应该可行。"吕布一听觉得很对，那就去投靠刘备吧。

刘备自从接管徐州后，在此屯田办学，拯饥救灾，于民秋毫无犯，百姓们对他都交口称赞。这天听说吕布想要来投，刘备想都没想就答应了，旁边的糜竺一听急了，赶紧对刘备说："主公不可，吕布豺狼也，此人忘恩负义，若是收留了他，将来必为后患。"

但是刘备却说："我以仁义待人，想来别人也不会恩将仇报，当初若不是吕布攻打曹操的后方，我们徐州可就危险了，今日他势穷来投，我若不接纳，岂不被天下人耻笑？"这时刘备的三弟张飞出来说话了，他说："大哥就是心肠好，见谁有难都愿意出手援助，但愿这吕布能知道好歹。"

曹操得报，知吕布去投了刘备，本想立即前去征伐，但郭嘉劝道："大军连续作战需要休整，吕布去投靠刘备，刘备之所以肯接纳，其实是怕了主公，主公若立即去征讨他们，他们就联合起来共同抵抗，我们如果暂时不去征讨，用不了太长的时间，他们必然内部矛盾激化，自相残杀。到那时，我们就可以去捡便宜了。"曹操深以郭嘉的主意为然，于是就放弃了攻打徐州的计划。

晚上公事已了，曹操略感困倦，独自回到府中，刚一坐定，老管家翁酣对他说："下午曹洪将军带了一个女人过来，说是从吕布军中缴获的，此女极为美艳，曹洪将军说要将她献给少爷您。"曹操一听立即来了精神，心想这曹洪从小就知道我的爱好，我得赶紧去看看。于是翁酣将他带到了一间房舍之外，曹操推门进去，只见一个花容月貌的美人坐在床边独自抹泪，曹操过去轻轻抱住她，柔声对她说："不要害怕，你是哪里人？叫什么名字？"

美人看了看曹操，见他并不凶悍，也就放心了些，轻声答道："将军，我叫卞巧儿，琅琊郡人氏，从小父母培养我能歌善舞，后在吕将军府中为歌舞姬，此次吕将军败逃，我等来不及跟随，被您手下的将军抓住后带到了这里。"曹操听完她的叙述，心中升起了一股怜爱之意，笑着对她说："今后你就跟着我吧，我会给你安定生活的。"卞巧儿说："若能托将军庇护，这是我的福分。"曹操说："能否歌舞一番让我看看？"卞巧儿道："将军宽坐，待奴家更衣。"

曹操满心欢喜地坐着喝茶，不一会，卞巧儿更衣出来，只见她身着锦服，头挽云鬟，面若朝霞，身如杨柳，在曹操面前翩翩起舞，伴随着曼声清唱，一时间满室皆春，把曹操看得如痴如醉，这个晚上曹操很陶醉地与卞巧儿在一起了。

第二天，郭嘉对曹操说："据报，长安朝廷现在被李傕、郭汜把持，李傕自封为大司马，郭汜自封为大将军，他们狼狈为奸，为所欲为，我们此时不如上个表章，表面上是为自己平定山东请功，暗地里观察一下朝廷对我们的态度。"曹操觉得可以，就立即写了一份表章上奏朝廷，叙述自己平定山东的功绩。

李傕、郭汜接到曹操的表章后，深感他的势力有坐大的可能，为了提前拉拢他，就让天子加封他为建德将军、费亭侯。太尉杨彪、大司农朱儁看到曹操的表章后也暗奏献帝说，如今天下只有曹操有实力保护天子，如果能摆脱西凉军的控制，召曹操勤王护驾那是最佳。

曹操接到朝廷诏书的同时还收到了杨彪的密信，告诉他朝中很快会有大事发生，让他积极准备，到时候前来救援天子。于是曹操就在许昌囤积粮草，操练兵马，同时密切关注长安朝廷的动态。

曹操将卞巧儿带回自己的府邸，封她为侍妾，而他的大夫人丁珏与丫鬟刘茵对这个新来的竞争对手并不欢迎，曹操在的时候还好说，表面上大家维持着客气，但只要曹操一走，大夫人立即就对卞巧儿冷脸相向,家里的很多杂事都让她去干,几乎就把她当成佣人对待。但卞巧儿想着自己只是从乱军中捡回一条命的微贱舞姬,能够平安活着就算幸运了,也不去与他人争什么长短,让她干吗她就干吗,任劳任怨,不争不吵。两位夫人的种种事情曹操都看在眼里,于是他对这位卞氏夫人就更加宠爱了。

曹操越是宠爱卞氏夫人,丁氏夫人就越不高兴,她常常给卞夫人下套,想让卞夫人上当做错事,然而卞夫人的性格却是淡泊谦让,不争名利,这反而让她避过了许多陷阱。卞夫人很注意别人的感受,尽量不让自己专宠,以免引起他人的嫉妒,时常劝曹操去陪陪丁夫人,有什么好东西也留给丁夫人。在丁夫人面前,她也总是以侍妾自居,礼数周到。

时间长了,丁夫人也拿她没办法,只得睁一眼闭一眼,让卞夫人安居下来。但话虽如此,丁夫人的心中一直有块石头没有落地,她与曹操结婚之后,一直没有生出儿子来。这件事情让她吃不香睡不好,现在既然有了卞夫人进门,万一对方抢先生了儿子,这家中老大的地位可就难保了,她左思右想,最后想出一个破釜沉舟的计策来。

这天曹操回家后,丁夫人让丫鬟刘茵烧了许多曹操喜欢吃的小菜,殷勤地给曹操夹菜倒酒,酒过三巡,丁夫人对曹操说:"自从我嫁到曹家以来,一切都很顺心,只是我始终没能为曹家生下儿子,为了曹家着想,我希望夫君把丫鬟刘茵也纳为侧夫人吧,多一个人多一份力量,说不定就能生出儿子来。"

曹操听丁夫人如此说,心想多纳一个妻妾,只要你没意见,我能有啥意见?他见丁夫人似乎意志坚定,不是跟他开玩笑,于是就答应了,纳了丫鬟刘茵为侧夫人。结果刘茵倒是十分争气,过不了多久,就给曹操生下了大儿子曹昂,这下曹家算是有后了,曹操十分高兴,对刘茵也就更加宠爱。丁夫人看到刘茵分走了不少丈夫对卞夫人的宠爱,心里应该高兴,但又觉得刘茵如果太得丈夫宠爱对自己似乎也不利,心里那个矛盾啊,万分纠结。

这一天曹操在他的将军府里召集众谋士商量事情,曹操说:"当今天子暗弱,政令出不了长安,朝廷被李傕、郭汜等贼寇把持,各地诸侯各行其是,只顾争抢利益,不顾国家安危,这如何是好?"

郭嘉说:"李傕、郭汜倒行逆施,早已不得人心,我看朝中大臣人人对他们恨之入骨,杨太尉信中暗示大臣们正在想办法让天子摆脱西凉军的控制。"

荀彧说:"天子虽然暂时大权旁落,但他毕竟是天子,是大汉的正统象征。有天子在,你就是代表国家,也就代表了正义,如果没有天子授权,那就变成乱臣贼子了,名不正则言不顺,这里面有很大的区别。"

程昱说:"如果长安起了内乱,天子一定需要有人去救,目前天下各州郡,真正有实力也有想法的估计只有我们一家,我们一定要确保天子无恙,如果天子在战乱中遭遇不测,那就是我们的罪过了。"

刘晔说:"我看天子的诏书中很明显有让我们进京勤王之意,只是不便明说,目前天下分崩离析,谁也指挥不动谁,而我们又正好兵强马壮,不如就直接进军长安,从西凉军手中把天子解救出来吧。"

荀攸说:"李傕、郭汜无能之辈而已,我预料他们之间必定会爆发内讧,我们可以早做准备,但也无需去火中取栗,等他们自己内部出问题后,我们坐收渔翁之利即可。"

曹操听完大家的畅所欲言,他最后总结说:"我也认为天子是很重要的,他是一块正义的招牌,有了这块招牌,做任何事情都会名正言顺,所以我们要去解救天子,将天子放到我们这里来供奉着,这对我们平定天下帮助很大。"

第四章

帝胄落苍茫

逆境中要有点听天由命、坐等时机的心态，如果拼命挣扎只怕死得更快。

不要相信任何一头公认的豺狼，高手能引狼互斗，普通人就别去惹怒它们。

根据地是必不可少的，实力弱的占山为王，实力强的占据繁华之地。

企业成功的第一步是要有自己能掌控的主业，若在主业上站不稳脚跟，其他就无从谈起。

强敌不是永恒的，只要看准对方的疏忽给予致命一击，对方就有可能倒下。

过了一些日子，探马来报，说大司马李傕与大将军郭汜打起来了。双方相互怀疑对方要暗害自己，不但刀兵相向，而且还抢夺天子归己有。现在朝廷中已混乱不堪，天子在文武百官的护送下逃出了长安，打算逃回旧都洛阳，但一路上多遇凶险，各路毛贼都想争夺对天子的控制权。曹操一听大惊，立即下令全军出动，向洛阳方向前去迎接天子。

　　曹操的大军刚走出不远，朝廷就有诏书送到，诏书上说，令曹操率军前往护驾，保障天子的安全。于是曹操加快了脚步，大军往洛阳方向前进。走着走着，曹操有点不放心，他想救援天子这件事太重要了，万不可有丝毫闪失，于是他命令夏侯惇、典韦、许褚等三将率轻骑先行，务必尽快赶到天子身边。过了一会，曹操还是感觉不放心，又命令曹洪、李典、乐进第二批再次率轻骑先行，赶紧去迎接天子。

夏侯惇等三人快马加鞭，即将赶到洛阳之时，远远见到天子的车队正往这里来，后面烟尘滚滚，似乎有大军追来，夏侯惇、典韦、许褚三将急忙上前拜见了天子，让天子先走，然后率军垫后，阻击追兵。果然过不多时，西凉军的前锋追兵到了，夏侯惇、典韦、许褚等三将力战西凉军，三将虽勇，但西凉军毕竟人多，一通混战，难分输赢。正在此时，曹洪、李典、乐进赶到，六将一起将西凉军打退，保护天子车驾往东而行。

过了一会，李傕、郭汜亲率大军追到，为了共同的利益，他们俩又联手了。见西凉军势大，六将正在为难间，曹操也率领大军赶到，两军对阵，互相观望，暂不敢交战。当晚李傕、郭汜请谋士贾诩出主意，后面该怎么做。贾诩说："曹操目前兵多粮足，而且他深通兵法，善于打仗，我们估计打他不过，不如投降算了，说不定还能免我等一死。"

李傕听后大怒，说你怎么长他人志气，灭自己威风？想要杀了贾诩，被郭汜劝住，郭汜对李傕说："曹军后劲很足，而我们粮草缺乏，所以要速战速决。"贾诩见李傕不听自己的建议，反而要杀他，当晚就悄悄地走了。

第二天，西凉军又与曹军对阵，西凉军中李暹与李别分头率军出战，曹军之中，许褚、典韦也分头迎战。一阵冲杀，李暹与李别敌不过许褚与典韦，纷纷被斩下马来，夏侯惇、李典、乐进等率军猛攻，将西凉军打得落荒而逃。

天子下寨安顿好后，派董昭为天使官与曹操协商下一步行动，董昭来到曹操营中，曹操见董昭丰神俊朗，面色红润，大为奇怪，就对他说："听说长安一带最近闹饥荒，这一路上就连天子的饮食都成问题，诸大臣皆面有菜色，精神萎靡，为何你却如此神采奕奕？"

董昭道："我平时一向注重养生，三十年来始终吃清淡的食物，所以不受外界干扰。"曹操又问了董昭许多朝廷大事，董昭一一对答如流，于是曹操十分敬重他，最终大家认为旧都洛阳已被董卓烧毁，重建需要时日，请天子暂时临幸许昌。

第二天，天子车驾在曹军的护送下往许昌而去，半路上突然被一支队伍拦住了去路，朝廷旧将杨奉、韩暹领兵挡道。见曹军到来，杨奉持枪出阵喝道："曹操欲劫天子何往？"曹操并不答话，直接令许褚出战，只见杨奉军中冲出一员大将，此人绿盔绿甲，手持一把超级大斧与许褚战在一处，两人打了三十多回合不分胜负。曹操大奇，心想怎么还有人能与许褚相持不下？此将真乃英雄也，当即鸣金收兵，回归大营。

回营之后，曹操与众人商议，说今天阵前见到的那员猛将不知是谁？如何才能将他收服？站在一旁的满宠出来说话了，他说："此将我认识，他名叫徐晃，字公明，我与他旧日交情不浅，今晚我假扮军士偷偷去徐晃营中说服他前来投降如何？"曹操一听大喜，就让满宠去劝降徐晃。

当晚满宠化装来到了徐晃的营中，对徐晃说了天下大势与利害得失，徐晃觉得满宠说得对，愿意随他一起去投降曹操，满宠说："临走之前不如我们去把杨奉和李遑杀了？也算是给曹公一个见面礼。"徐晃回答说："改投明主可以，但要我去杀了旧主，誓死不为。"满宠说："公明真是义士啊！"于是就带着徐晃赶往曹军营中。

徐晃刚一走，杨奉那里就得到了消息，他赶紧率军去追，追到曹军营寨附近，看看就要追上徐晃，杨奉大叫："徐晃反贼休走！"这时突然四周涌出无数曹军伏兵，一起将杨奉军打退，杨奉无奈，只得与李遑一起投袁术去了。

曹操将天子接到许昌后，将许昌更名为许都，将许都的一切按照都城的设置改造。天子因曹操救驾有功，封他为大将军加武平侯，总领朝政，封荀彧为侍中加尚书令，封荀攸为军师，郭嘉为司马祭酒，刘晔为司空仓曹掾，毛玠、任峻为典农中郎将，程昱为东平相，范成、董昭为洛阳令，满宠为许都令，夏侯惇、夏侯渊、曹仁、曹洪皆为将军，吕虔、李典、乐进、于禁、徐晃皆为校尉，许褚、典韦皆为都尉。

朝廷事务，先禀曹操，然后方奏天子。天子在曹操的掌握之中，曹操现在算是政出由心了。过了没多少时候，天子又封曹操为司空、录丞相事，于是大家都称他为"曹丞相"，他虽不是天子，但代行天子的职权，真正的天子只是傀儡而已。

曹操这段时间除了朝中事情顺利外，家中又添了喜事，卞夫人也生了儿子，曹操给这个孩子取名为曹丕，丕乃伟大之意，寓意他将来成就一番伟业。自从卞夫人生下儿子后，丁夫人的心里就更害怕了，她本想让原来的丫鬟，现在的刘夫人帮自己生下儿子，来抗衡卞夫人的威胁。可没想到刘夫人生下儿子后，很得丈夫宠爱，现在卞夫人又生下了儿子，也很得丈夫宠爱，家里三个夫人将来或许会变成只有她不得丈夫宠爱了。这可把丁夫人给急得不行，照此下去，只怕连刘夫人都要爬到自己头上来了。

卞夫人虽然是侍妾的身份，但刘夫人本来还是自己的丫鬟，想到这些事情，丁夫人陷入了不能自拔的痛苦之中。好在曹操还算是一碗水端平，对家中的三位夫人都不错，所以只要曹操在家时，大家都相安无事，但曹操一走，大家就相互嫉妒。刘夫人本来一直是站在丁夫人一边的，但由于卞夫人不与她们相争，搞得她俩没有用武之地，在有些时候，刘夫人与丁夫人之间也会产生一点矛盾。

曹操搞定了许都之事后，又想去攻打徐州以报父仇，这一日正召集群臣商议此事，曹操说："我听说刘备自领徐州牧后，吕布势穷去投，刘备让他驻军在徐州旁边的小沛，与徐州互成掎角之势，如之奈何？"

许褚说："主公勿忧，只需给我五万兵马，我一定踏平徐州，斩杀吕布，擒拿刘备。"

这时荀彧出来说话了，他说："现在我们已不同以往，天子就在我们许都，有他在，很多事情就不用动刀动枪了。"

曹操问："此话怎讲？有天子在就不需要动刀动枪了？"

荀彧说："比如夺取徐州，我们可以这么办，先以天子的名义发一道诏书，实授刘备为徐州牧，然后命令他去杀了吕布，这叫'二虎竞食'之计。刘备若是杀了吕布，自然很好，就算他没有去杀吕布，此事被吕布知道后，必然在两人之间埋下了猜疑的种子，吕布与刘备就会不再和睦。"

曹操心想，这倒是个办法，天子的诏书又不花本钱，发一个去试试也好，于是就发了个诏书给刘备，封他为徐州牧并让他去杀吕布。

刘备收到这份诏书后，一方面他很高兴，终于被朝廷册封为徐州牧了。在此之前，他只当过安喜县令，而且还是名不正言不顺的挂职，现在一举成了封疆大吏，从此江湖上算是有我刘备这一号人物了。但另一方面他也立即看出了曹操不安好心，让他去杀吕布？首先不论他杀不杀得了吕布，如果二虎相争起来，曹操必然渔翁得利，而这份诏书的内容一旦让吕布得悉，他心里立即就被埋下了一根刺，从此我与他再无精诚合作之可能。想到这里，刘备后背一阵发冷，心想这曹操可太奸诈了，我该如何破解这个难题呢？

刘备想来想去，唯一可以破解此事的方法就是开诚布公，于是他就大大方方地把吕布请来，然后告诉他这件事，说清楚这是曹操的奸计，自己绝不会做这不义之事，还把皇帝的诏书拿出来给他看，这一招果然有效，吕布立即对刘备感激涕零，发誓不与刘备为敌。虽然刘备极力笼络吕布，他的三弟张飞却对吕布看不上眼，动不动就要找吕布的麻烦，吕布不和他一般见识，虽然张飞总是挑衅，吕布也不理他。

曹操眼见计策被刘备识破了，没能奏效，于是就找荀彧来商量，曹操问："刘备真是个人才，这一计竟然被他看穿了，他与吕布的关系不但没有破裂，反而更加好了，令君你看该怎么办？"

荀彧说道："我们小看刘备了，他的确有点水平，既然此计不成，我另有一'驱虎吞狼'之计。"

曹操问："何为'驱虎吞狼'之计？"

荀彧说："我们再给刘备下个诏书，让他去攻打袁术。然后给袁术送个密信，说刘备上奏表要求吞并他的汝南，这样就让袁术与刘备打起来了，吕布在后方必然会有所动作。"

曹操听后觉得这个主意很不错,简单粗暴,可以试试,于是给刘备发了份诏书,又给袁术去了封密信。

刘备接到诏书后,思前想后,觉得左右为难,虽然他明知这是曹操的奸计,但毕竟是天子下了诏书,他是大汉册封的徐州牧,天子有令让他去讨伐袁术,难道他能抗旨不去?所以就算这是曹操给他挖好的陷阱,他也得往里跳。

曹操这边派出探马密切关注刘备与袁术的动向,果然这次刘备率兵去打袁术。正当前方战争胶着之时,吕布在后方偷袭了刘备的徐州,导致刘备在前线受挫,回来后也没争过吕布。他三弟张飞实在气不过,与吕布结怨,导致刘备被吕布赶得无路可走,万般无奈之下,刘备竟然来投了曹操。

曹操听说刘备来投,急忙将他迎了进来,好言安慰,好酒款待。荀彧见曹操对刘备如此热情,就悄悄地对他说:"刘备乃人中龙凤,其志向远大,主公若不乘这个机会除掉他,今后只怕会是一个大麻烦。"曹操沉吟半晌,犹豫不决,于是又叫来郭嘉询问,郭嘉说:"千万不可杀刘备,刘备素有仁义之名,今势穷来投,假如杀了他,会寒了天下贤士之心,今后还有谁敢来投靠主公呢?"

曹操心中其实早有主见,他最近对外发布了"唯才是举"的招贤文告,目的就是让四海豪杰踊跃来投,如今刘备来了,如果杀了他,那岂非自砸招牌？所以他同意郭嘉之建议，要善待刘备。

曹操为了收买刘备的心，特地让天子改封他为豫州牧，给他五万兵马与粮草，让他去豫州上任。程昱听说此事后过来劝曹操："刘备不是池中之物，主公若给他地盘与人马，只怕他就会振翅高飞了，今后一旦坐大，将成为我们的强劲对手。"

曹操对程昱说："我与郭奉孝（郭嘉字奉孝）的想法一致，不能因杀一人而阻断天下志士的归附之心，刘备就算有野心，至少目前他还不具备实力，所以暂时还是安全的，你不必担心。"

程昱说："如果主公一定要让刘备去豫州上任，那我们就给他一点事情做做，让他操练兵马等候命令，到时候与我们一起去攻打吕布，只要灭了吕布，天下就少了个竞争对手。"

曹操说："这个主意很好，就让刘备去豫州准备吧。"

在曹操府上，这么多年下来，其实发生了不少事，首先是那位卞夫人吉星高照，除了曹丕外，又连续为曹操生下曹彰、曹植两个儿子。其次是那位刘夫人也不含糊，除长子曹昂外，又为曹操生下了一个儿子曹铄。另外曹操在攻打彭城时又收获了一位环夫人，她进门后生下儿子曹冲，曹冲从小就极为聪明，深得曹操喜爱，曹操常有立他为继承人的想法。

而只有大老婆丁夫人这么些年下来，不但没生出儿子来，就连女儿也没生出来，照这么下去，今后的命运不问可知。眼见刘夫人所生的大儿子曹昂渐渐长大了，虽说曹操喜欢小儿子曹冲，但毕竟当时有"立长不立幼"的传统。从法理上来说，曹昂毕竟最有资格成为继承人，但这曹昂是刘夫人的。丁夫人常常想：如果曹昂是我丁夫人生的，那该多好啊。

想到这里，丁夫人叫来了自己的贴身丫鬟小莲，她原来的贴身丫鬟就是刘夫人，但自从刘氏当上夫人后，丁夫人只得换丫鬟。小莲跟随丁夫人也好多年了，一直忠心耿耿，丁夫人对她比较放心，她对小莲说："你说这一大家子，各个夫人都生了儿子，就我没有，而我还是老大，将来老爷会不会嫌弃我啊？"

小莲说："夫人，不是我多嘴，男人有时候不一定靠得住，你看不断有新面孔陆续进门，而我们女人总有老的一日，年老而色衰，谁能保证男人不见异思迁？"

丁夫人心里也是这么想，现在再听小莲一说，就更加心慌意乱，她说："现在的情况对我们不利啊，再这么下去，我看我们的将来就没有保障了。"

小莲说："夫人就算不说，我心里也是万分着急，依夫人的意思，我们该怎么办？"

丁夫人沉吟半晌，幽幽地说："如果……刘夫人哪一天因故身亡了，你说他的儿子会不会交给我来抚养？"

小莲说："夫人你想得真美，刘夫人活得好好的，怎么可能亡故啊？"

丁夫人说："平白无故当然是不能，但是若有人帮她一下……你说呢？"

小莲听夫人这么说，心里惕然一惊，颤声道："夫……夫人，你……你的意思是？"

丁夫人道："附耳过来，事成之后，有你的好处。"

过了不几日，曹府中突然发生了一起意外事故，刘夫人不知为何在傍晚时分独自来到后院的荷花池边散步。因为天色已晚，没看清路面而掉进了水池，当时四周无人，刘夫人挣扎了一阵，淹死在了水池中。曹操得知此事后很是悲痛，各位夫人也都十分伤心，尤其是丁夫人，说自己与刘夫人情同姐妹，刘夫人遭此意外让她痛不欲生，几次哭晕过去而被众人劝起。曹操见刘夫人的两个孩子年纪尚小，而母亲已亡，正好丁夫人膝下无子，就让她接着抚养。

曹操此举正中丁夫人下怀，大家族中"母凭子贵"，只要儿子有出息，做母亲的就有依靠了，现在既然长子曹昂过继给丁夫人抚养，丁夫人当然要为他争取利益，只要曹昂将来成了继承人，那丁夫人老大的位置就算是坐稳了。

从此丁夫人常对曹操说："夫君，我看咱们家长子曹昂豪迈豁达，有其父之风，将来必成大事，你平时要多教教他，最好时常将他带在身边历练，让他成为你的左膀右臂。"

曹操说："昂儿年纪还小，在家好好读书也是对的，等他再长大些，我必重点加以培养。"

丁夫人又说："昂儿不小了，他这个年纪完全可以学习军事与管理了，安民（曹操的侄子曹安民）一直与昂儿走得近，不如你就把他们两人一起带在身边教导吧。"

曹操说不过丁夫人，也就答应了，于是把曹昂与曹安民带在自己身边锻炼。

曹操本来打算在许都囤积粮草，操练兵马，等待时机与刘备一起去攻打吕布，但一个突发情况改变了他的计划。据探马来报，自从李傕、郭汜败逃之后，张济与樊稠也各自为政。上次谋士贾诩离开李傕后，就去了张济的营中。

张济是西凉军将领中最看重贾诩的人，他把贾诩当作自己的老师来对待,于是贾诩就在张济军中驻了下来,张济军也因此经常打胜仗。但没想到的是,在一次进攻南阳的战役中,张济竟意外被一颗流星矢石打中了额头,不幸身亡,他的侄子张绣接替他掌管了军队,仍然由贾诩为军师,率军去荆州投靠刘表。

张绣见到刘表后,两人在一起商量,刘表说:"现在天子被掌握在曹操手中,所有朝政大事都由曹操说了算,天子大权旁落,我作为汉室宗亲,愧对天子啊。"

张绣说:"听闻曹操善于用兵,谋略过人,我们怕是打不过他,但能不能乘他外出征战之时,我们去把天子救出来?"

刘表说:"这倒是个好办法,我听探马回报,说曹操有攻打徐州之意,一旦他出兵去打徐州,战事必定胶着,这时我们就可以去解救天子了。"

由于各诸侯之间相互都安插有间谍,曹操也很快得知了刘表与张绣打算劫夺天子的计划,所以他暂缓了攻打吕布的安排,打算先去攻打张绣与刘表,以除后顾之忧。但前段时间曹操在许都大加操练,还与刘备摆出了一副要进攻吕布的架势,吕布早已得知了消息,也在积极准备抵御,此时若改变方向去征张绣,吕布会不会抄我们的后路?

荀彧看出了曹操的顾虑，他对曹操说："吕布是个无谋之辈，主公只需下一道诏书，加封他官职并给他赏赐，他必然得意忘形，不会再来攻打许都。"曹操同意荀彧的建议，于是下诏加封并赏赐吕布，自己带着十五万大军，以夏侯惇为先锋，前去攻打张绣。

贾诩听说曹军前来征讨，急忙找到张绣，对他说："将军为何去招惹曹操？曹操如今背靠着天子，做事名正言顺，我们如果与他为敌，那就是与大汉为敌。"

张绣听后也犯难了，他问贾诩："可是曹操现在都率军打过来了，你看怎么办呢？"

贾诩说："曹操帐下文臣武将云集，与他交战，我们赢的把握不大，不如归顺了吧。"

张绣想想也对，与曹操打仗，的确没有把握，与其打输了被俘，还不如现在就归顺呢。于是他答应归顺曹操，就派贾诩为使者，去曹操营中讲和。

贾诩来到了曹操营中，向曹操表达了张绣愿意归顺之意，曹操见贾诩仙风道骨，论事明晰，就想挽留他随自己回朝廷做官。贾诩道："我目前在张绣营中做事，没经过他的同意，不便自行改换门庭。"婉拒了曹操的好意，仍然回到张绣的营中。

既然张绣愿意归顺曹操，曹操自然就让天子封了他的官职，本来准备打的一场大仗，现在也不需要打了，曹操顿时感到浑身轻松。他命令就地扎下营寨，与张绣两人相互请客喝酒，每天都喝得大醉。

这一天晚上张绣又请曹操赴他的营中喝酒，曹操喝醉酒后，觉得时间尚早，就问左右，附近有什么地方好玩？曹昂与曹安民此时都跟在他的身边，曹昂为人正派，每天想的都是如何向父亲学习军事与管理，并不知道附近哪里好玩。而曹安民却是个机灵之人，他自己的父亲死得早，从小在曹操府中长大，对曹操的爱好非常了解，他悄悄附在曹操的耳边说："叔叔，刚才我路过张绣营寨时，看到那边有个十分美丽的女人……"曹操一听有美女，立即就来了精神，赶紧屏退左右，让曹安民去把那个美女请来。

过了一会，果然曹安民带来了一位绝色美女，曹操一见大喜，赶紧将美女让到屋内，关起门来，曹操看着这位美女，真是越看越美。曹操问她："你是哪里人？叫什么名字？"美女回答道："我叫邹青，是张济的老婆，也就是张绣的婶婶。"

曹操"哦"了一声，心想，张济不是死了吗？那他老婆就是寡妇了，哎，张济死得好啊，留下这么漂亮的老婆归我了，于是他对邹青说："你认识我是谁吗？"邹青说："我当然认识曹丞相您了，丞相英雄了得，我虽是妇道人家，但也久闻大名。"曹操大喜，他对邹青说："你以后就跟着我吧，我保你有享不尽的荣华富贵。"邹青说："能托丞相的庇佑，我当然是求之不得。"

于是曹操就与邹青混在了一处，两人行鱼水之欢，让曹操没想到的是，邹青是此中高手，床上功夫超级厉害，让曹操欲死欲仙，黏上就放不下来。从此之后，曹操就经常过来找邹青过夜，由于防卫严密，旁人靠近不得，所以暂时无外人知道此事。

邹青自从老公死后，本以为前途无望，没想到竟然获曹操垂青，她当然喜出望外，心想只要能攀上这棵大树，将来飞黄腾达是大有希望的。这一天曹操又来了，邹青对他说："老爷，你对张绣是真心的吧，他投降你了，我们什么时候能去许都啊？"

曹操为讨好邹青，就说："要不是看在你的面子上，我才不要张绣呢，但你对我不错，所以我会给他好处。"邹青说："我们都是真心投靠老爷的，你就带我回家吧。"曹操想想也是，反正家里已有不少夫人，再加一位也没事，就对邹青说："再等几天，我安排一下这里的事情，就带着你回去了。"

邹青说："老爷每次过来看我，虽说防卫严密，但次数多了毕竟不安全，万一被人知道就不好了。"曹操说："那能有啥？我和你在一起，难道别人还能说出什么闲话来？"邹青道："你不知道，我这个侄子张绣是个非常爱面子的人，平时只要有部将对我多看一眼，他就会发脾气,我实在不知道他若得知我们的事会如何？"

曹操说："没事的,张绣难道还敢骂我？我与你在一起,是他的福气,对他的前程大有帮助。"邹青说："话虽如此,但小心一些总是没错,这几天我每天都胆战心惊的,觉都睡不好。"曹操说："如果是这样,过一会我就带你回到我的营中去,到了我的营中,肯定高枕无忧了。"

邹青说："去你的营寨那当然好,但如果张绣发现我不在了,我们的事岂非立即被捅破？"曹操说："无妨,捅破就捅破,早晚都有这一天,我就不信张绣还能有意见？"邹青说："但愿没事,我们女人胆子小,怕你们男人因此而争斗。"曹操哈哈大笑道："放心吧,张绣没那个胆子。"

接着曹操安排邹青离开了张绣的营寨,将她送到自己的营中,邹青离开后,很快张绣就发现了,这么大个活人不见了,能不发现吗？他立即派人去找,找来找去就有人向他汇报,说："你的婶婶被曹丞相接到他的营寨中去了,现在成了曹丞相的宠姬。"

张绣一听大怒,其实他一直很爱这个婶婶,因为她实在太漂亮了,也就是因为她是自己的婶婶,而且叔叔张济刚死不久,张绣怕影响不好,所以才没动其他歪念头。不过张绣心想,婶婶总是在自己的营中,凭空又不会消失,自己经常能看到她,暂时也算心满意足,等将来哪一天时机成熟了,说不定还能有所发展。今天忽然听说曹操暗中将婶婶接到他的营寨中去了,而且还霸占了她,这怎能让张绣不火冒三丈?但张绣仔细一想,曹操的实力摆在那里,蛮干只怕是打他不过,要想胜过他,只能是智取了。

于是张绣对此事假装不知,第二天一早向曹操申请训练士兵,他说:"丞相,我最近把时间都浪费在吃吃喝喝上了,很久没腾出空来训练士兵,昨天我看到军士们有点开始松懈,再这么下去就会丧失战斗力,所以我想集中训练一下士兵,你看可否?"曹操不假思索地回答:"训练士兵是我等为将者最基本的功课,这个没必要向我请示,你尽管去训练就是。"于是张绣就假借训练士兵为名大肆调动军队,暗中做好了展开军事行动的一切准备。

这一天,正值中秋之夜,张绣又来请曹操喝酒,曹操最近一直与邹青在一起,每天都感觉十分快乐,接到张绣的邀请,他就欣然答应了。当天晚上,张绣摆下盛宴招待曹操,还特地派人专门招待典韦,最近诸事顺利,典韦也很高兴,多喝了几杯。

席间,张绣对曹操说:"我看当今天下,唯有丞相您有扫清四海之能,绣愿跟随丞相一起中兴汉室。"

曹操说:"我小时候也没想到这汉室江山竟然需要由我去扶持,当年的我只是想当一个寻常文臣而已。"

张绣说："丞相之能,诸侯莫敌,天下若没有丞相,还不知会有几人称王。"

曹操说："你这句话说得对,我的职责就是为陛下清除那些有不臣之心的人,还大汉江山以太平。"

到了晚上,典韦被灌得酩酊大醉,被人扶着回到自己的帐中,倒头就睡。曹操也回到自己营帐,那里还有邹青在等着他呢,两人在营帐中又是一番云雨。到了后半夜,突然间只听曹营门外一声炮响,顿时火光冲天,张绣率军攻了进来,人人大喊:"活捉曹操!"曹营守门将士一个个目瞪口呆,他们万万想不到几个小时前还在一起觥筹交错、把酒言欢的张绣军怎么突然杀了过来?因为此事太过于诡异,让曹军猝不及防,一下子就被杀开了一条血路。

此时典韦正在营帐中呼呼大睡,突然被激烈的交战声惊醒,他本能地伸手去拿他的兵器"双铁戟",但一摸之下,发现双铁戟没了。这时他一下子清醒了过来,看到帐外火光冲天,敌军已冲到面前了,他来不及穿衣服,赤手空拳就跑了出来。典韦知道曹操就在他身后的营帐中,曹操是否能脱险,就看他能否阻挡住敌军的进攻了,但现在他衣不蔽体,两手空空,赤脚站在营帐前,面对无数敌军的刀枪剑戟,不知怎么办才好。

张绣一声令下:"杀!"敌人攻了上来,这时典韦也顾不得了,随手抓起两名敌军士兵，用他们的身体当作武器，拼死抵挡张绣军的进攻，俗话说："一人不要命，万人不可敌。"张绣军被典韦的勇猛给镇住了，大家都不敢向前，张绣只得命令放箭，顿时箭如雨下，把典韦射成了一个刺猬。但典韦就算浑身中箭，照样挺立不倒，双目圆睁，瞪视前方。张绣军士兵们都不敢确定他到底是死了没有，过了许久，典韦总算轰然倒下，不再动弹，大家这才敢越过他，继续追杀曹操。

曹操在自己帐中忽听外面喊杀震天，顿时吓出了一身冷汗，他一点也没搞明白究竟发生了什么事，他的亲兵与大公子曹昂衣冠不整地跑进来对他说："父亲，不好了，张绣率军造反了，已经打到了大门口，典韦将军正在抵抗，父亲快跑。"侄子曹安民也跑进来说："叔叔快跑，典韦将军手无兵器，只怕支撑不了多久。"这时曹操也顾不得旁人了，赶紧拔腿就跑，出了营帐，帐外只有三匹马，曹操、曹昂、曹安民三人骑上了马，拍马飞奔，其他人没有马，都被敌兵追上斩杀了。

张绣看到曹操等三人骑马逃跑，又下令放箭，顿时箭如飞蝗，其中一箭射中了曹安民，曹安民掉下马来，被追兵砍成了肉泥。曹操与曹昂父子没命似的逃到了清水河边，张绣率军紧追不放，眼见就要追上，忽然又有一箭，射中曹操所乘马匹的眼睛，那马一声长嘶，将曹操掀了下来，随即摔倒。曹昂只得赶紧将自己的坐骑让给父亲，曹操骑上曹昂的坐骑继续奔逃，曹昂却被追上来的敌军砍死了。

曹操逃着逃着，忽然见到前方烟尘大起，有军马奔来，他吃了一惊，定睛一看，见为首的是夏侯惇、许褚、李典、乐进等人，顿时放心了下来。夏侯惇等诸将并不知道曹操正在被张绣军追击，看到曹操后立即向他汇报说："于禁造反了，他率军砍杀夏侯惇所部之青州兵，我们正打算去征讨。"曹操一听大惊，心想这真是奇事不断，我这里的事情还没完呢，怎么于禁又造反了？他为什么造反？

正在这时，张绣军追上来了，夏侯惇、许褚、李典、乐进等人正要迎敌，只见于禁也率军到达。于禁见到曹操后，不及分辩，立即率军向张绣军杀去，张绣军再厉害，毕竟敌不过于禁以及夏侯惇、许褚、李典、乐进等人，迅速就被杀败了，张绣领着败军落荒而逃。

此时于禁才来向曹操汇报，说自己没有造反，是见夏侯惇所率之青州兵抢劫百姓，这才出手惩戒，刚才来时见到张绣叛乱，于是先把公事做完，再为自己辩护，曹操大赞于禁的人品，重加奖赏。接下去曹操召集众将就地设立灵堂，高规格祭奠典韦，在祭奠过程中，曹操痛哭流涕，大大地褒奖了典韦的丰功伟绩，全军都为典韦致哀。整场追悼会的主角只有典韦，曹操的大儿子曹昂与侄子曹安民只是轻描淡写地一笔带过。

曹昂死于战场的消息传到曹操府中，丁夫人听后顿时晕倒在地。曹昂是她千辛万苦才搞到手的护身符，本想让他跟在父亲身边历练，从而能成为曹操的接班人，没想到竟然被敌军打死了，这个噩耗简直是大大出乎丁夫人的意料。她总以为，曹操作为全军统帅，除非全军覆灭，否则他总是最安全的，曹昂跟在他身边，那能有啥风险？结果没想到的是，曹操的全军倒是没啥问题，而曹昂却死了。

丁夫人接着又听说害死曹昂的诱因是曹操纳了新欢，这可把她的肺都气炸了，失去了曹昂，她的心血就全白费了。因为在曹操不在家的这段时间里，家里还发生了一些事情：环夫人因曹操喜欢她的儿子曹冲，有意立曹冲为继承人而得意忘形，好几次公然顶撞丁夫人，似乎将来的老大位置非她莫属。丁夫人忍无可忍，打算与她闹翻，卞夫人从中调解，不断为她们劝和，此事才暂时没闹出什么名堂。

现在曹昂死了，丁夫人失去了最大的资本与依靠，环夫人估计在梦中都会笑醒，她认为她的儿子曹冲从此没有竞争对手了。反而是卞夫人，虽然也生了三个儿子，但她的性格却与世无争，从不为自己的儿子争些什么，只是要求儿子们好好读书，长大做个有用之人就行。这么一来，全家老小都对卞夫人没有戒心，也没人把她当作竞争对手，卞夫人成了整个曹府中最受欢迎的人。

卞夫人的三个儿子中，曹丕、曹植由于学习用功而文采过人，曹彰却是天生的学武之人，总之个个有出息。丁夫人失去了曹昂，想着自己估计夺嫡无望，但决不能让环夫人的儿子曹冲成事，如果将来她的儿子没可能，她宁可希望是卞夫人的儿子成为继承人。她多次想拉拢卞夫人与她联合对付环夫人，但卞夫人生性恬淡，遇事退让，不与任何人结怨。丁夫人多次对她说，一定要让环夫人的美梦落空，自己得不到的也绝不让环夫人得到。

曹操回到许都，安顿下来没多久，又传来消息说，汝南的袁术有称帝的野心，袁术为了拉拢吕布，曾派韩胤为使者为自己的儿子向吕布的女儿提亲。袁术心想，若能与吕布结为儿女亲家，自己称帝之时就能多一个帮手，但吕布并不赞成袁术称帝之事，吕布觉得袁术根本没有这个资格，于是拒绝了他结亲的请求。

曹操得知吕布拒绝袁术后，就干脆命令他去征讨袁术，吕布想与曹操讨价还价，他让陈登为使者去许都向曹操要求实授他徐州牧之衔，有这个条件，他才可以去征讨袁术。曹操见到陈登后，问他有关徐州之事，陈登说："我看吕布不是一个能成大事之人，我与我父亲陈珪是徐州本地人，我们都不希望徐州被吕布祸害了。"曹操对陈登说："接下去我若去征讨吕布，请你与你父亲多多协助。"陈登一口答应。

袁术在汝南寿春，地广粮多，兵强马壮，手上又有孙坚的儿子孙策质押在他那里的传国玉玺，他最近一直想要称帝自立。但在那个年代，贸然称帝是一件不得人心的事，称帝需要众望所归，如果诸侯都没有归顺之意,那么这就是冒天下之大不韪了。

曹操在许都表奏天子,说袁术在淮南打算称帝,自己欲联合刘备、吕布等诸侯一起去讨伐他。天子当然准奏,于是曹操命令吕布与刘备分两路兵马先行,自己率十七万大军随后就来。袁术听说吕布拒绝了他的联姻请求,还率领大军前来讨伐,心想这真是不识好歹,我兵多粮足,玉玺在手,可谓是天命所归,一旦成了皇帝,你就是开国元勋,怎么都比你现在苦争一个徐州牧强多了。既然吕布没这个福气,不代表我就不当皇帝了,皇帝照样当,然后我再率军平定天下。

于是袁术在淮南称帝,国号"仲氏",因为他经过考证,认为他们袁家最早的始祖可以追溯到春秋时期孔子的门生仲由,也就是子路,所以袁家起源于仲氏家族,现在袁家的后世子孙要建国,当然得为始祖争光。

袁术称帝后,命张勋为大将军,率领七路大军前去抵挡吕布的进攻。吕布军与张勋的七路大军在半路相遇,吕布不听陈宫的建议,只相信陈登与陈珪父子,导致战局不利,被袁术军打败,幸亏刘备派关羽率军救援,才打退了袁术军。消息传到曹操这里,曹操眼看自己不出面是不行了,于是点起大军,增援吕布与刘备,三家一起征讨袁术。

经过反复的拉锯战，袁术军最终敌不过曹操、吕布与刘备三家联手，被曹操军一路打退到了大本营寿春城下。寿春城坚粮足，袁术眼见曹军势大，干脆下令守城，与曹军对耗。曹军远道而来，粮草不足，十七万大军，每日消耗巨大，眼见就要没粮食了，寿春还始终攻不下来。此时连曹操也急了，他下了严令，再给最后三天时间，全军勠力攻城，如果再攻不下来，各营将领一律斩首。

为了激励军心，曹操亲自到寿春城下，帮忙搬土运石，还冒着箭雨在前线指挥攻城，凡有退缩者，全部斩杀。由于曹操亲临现场，军士们大受鼓舞，一时间攻城的节奏明显加快，所有人都玩命进攻。有的用冲车撞门，有的架云梯爬城墙，有的用投石车投掷石头，在付出巨大伤亡代价后，终于在第三天将寿春的大门给撞开了，曹军蜂拥而入。袁术一看大势已去，赶紧率领少数亲信开后门逃跑了，曹操进城查抄了袁术的伪皇宫和所有违禁物品。

曹操本想继续追杀袁术，但荀彧对他说："现在袁术已成了过街老鼠，成不了气候了，不必去追，估计他也活不了太久。据说张绣与刘表在荆州一带秣马厉兵，积极备战，我们要防止他们乘虚而入，我看不如先回许都，再做下一步打算。"曹操听从了荀彧的建议，让吕布与刘备也各回各家，自己率军返回许都。

第五章　家室无宁日

家和万事兴，事业与家庭不能两头都在闹，事业不闹无法兴盛，家庭不闹才能聚气。

孩子如同员工，每个人的职责事先要说清楚，否则大家都会目标不明。

女人俘获男人的杀手锏不是其他的任何因素，而是"投其所好"。

员工获得老板的赏识，孩子获得父亲的认可，关键因素是"让自己像他"。

员工之间冒尖的法宝是："埋头做事而不争宠"。若做事做到上司离不开你，成功就在了。

骨命亏夭

曹操回到自己的府邸，得知家里又出了大事，他最心爱的小儿子曹冲死了，曹冲是怎么死的？据说是病死的，犯了心绞痛的毛病，痛死的。曹冲之死，对曹操的打击很大，他一直想立曹冲为继承人，只是曹冲年纪还小，暂时没有定案，没想到他竟然死了，死时才十三岁。

环夫人哭哭啼啼地到曹操那里告状，说她怀疑害死曹冲的凶手是丁夫人，而丁夫人还有个帮凶，很有可能是曹丕。她说丁夫人一直与自己不睦，自从曹昂死后，对自己更是变本加厉地迫害，几次挖坑让她跳，都被她谨慎避过。但有一次曹丕要带冲儿一起去打猎，因为曹丕是卞夫人的儿子，所以她没多想就同意了，结果冲儿回来后感觉肚子不适，当时也没太在意，过了几天冲儿忽然剧烈心绞痛，请大夫来看，说是急性心肌梗死，配了几副药，没想到晚上冲儿病情加剧，竟然就痛死了。

曹操听后大起疑心，马上召来曹丕问话，曹丕说："那天我与冲弟一起去郊外打猎，冲弟一切正常，我们玩得很开心，猎杀了不少兔子、麋鹿等战利品，回来后听说冲弟肚子不适，但当时并不严重，喝了碗热汤就没事了，可是没想到过不了几天，冲弟竟然死了，此事我也百思不得其解，全家都万分难过。"

曹操大声喝问："冲儿真的不是你杀的？老实承认我们还有商量，否则被查出来，我要你的命。"

曹丕说："我与冲弟手足情深，平素一向关系良好，怎么可能去杀冲弟？"

曹操问："冲儿平时没有心绞痛之病，为什么与你一起出去打猎回来后就有不适？"

曹丕答："这个儿子真不知道，那天出去打猎，大家尽兴而归，并无异常。"

曹操说："但愿你与此事无关，否则问题就严重了。"

曹操又找丁夫人问话："夫人，你说冲儿是怎么死的？"

丁夫人说："听说是因心绞痛而死的，或许冲儿一直就有这种病，只是他母亲隐瞒着不说而已。"

曹操说："听说你与环夫人不和？"

丁夫人道："谈不上不和，只是偶有争执，环夫人平时傲气凌人，不把我放在眼里，也不把老爷您放在眼里。"

曹操说："就算环夫人有些事没做对，你作为老大，也该包容一些吧？"

丁夫人说："我已经够包容了，她作为侍妾怎能不尊重大夫人？在很多场合还敢与我顶嘴，她以为她的儿子将来会成为继承人，所以现在就得意忘形，不把我放在眼里。"

曹操听丁夫人如此说，心里有点不舒服了，他觉得丁夫人是在干预他将来选接班人的事情，于是沉下脸来对丁夫人说："立世子之事不需要你过问，你管好你自己就行了。"

丁夫人听了也很不高兴，她说："我是曹家的大夫人，曹家立世子怎么不需要我过问？"

曹操一时语塞，只好说："好吧，此事暂时也只能作罢，这次我去征讨袁术，率军直捣他的大本营寿春，战争结束后，我又收获了两位貌美如花的新夫人回来。"

丁夫人一听这话,立即气不打一处来,她沉下脸对曹操说:"夫君,你不觉得我们曹家最近的很多事,归根结底与你不断为自己增加新夫人有关吗?"

曹操说:"我作为朝廷的丞相,多娶几个老婆难道不行?"

丁夫人说:"多娶老婆当然可以,但也要适可而止,老婆多了,家里就会乱,你平时常不在家,于是家里就出了许多事。"

曹操道:"家里我就交给你这个大夫人来管了,家里是否安宁,你这个大夫人要承担起责任。"

丁夫人说:"现在连侍妾们都恃宠生娇,当众对我顶撞,我哪有本事管她们?"

曹操说:"管理到不到位是要讲技巧讲水平的,我看那卞夫人就看得很开,在府中受到大家的拥护与尊敬。"

丁夫人正没好气,听曹操这么说,立即反击道:"你要觉得卞夫人更善于管理,就让她来管吧,我让位。"

曹操看丁夫人现在连话都说不得，也有点生气了，他说："你要让位也可以啊，干脆你回娘家去算了。"

丁夫人道："回就回，反正你看我不顺眼，我在这个家里也没地位。"

曹操与丁夫人谈得不愉快，就独自走了，第二天丁夫人还真就打点包袱回娘家去了，曹操也赌气不去理她，看她能坚持多久。丁夫人离开后，曹操就让卞夫人来管理这个家，卞夫人一向受大家的欢迎，她来管理，众人都没意见。对曹操新纳的两个小妾尹夫人与秦夫人，卞夫人也都给予妥善的照顾，曹操觉得卞夫人的所作所为很符合他的心意。

曹操安顿好许都的诸般事务后，向天子奏请再次率军讨伐张绣，天子当然不会有意见，于是曹操点起十万大军，启程往刘表的荆州而来。其时正值麦熟季节，曹操看到沿途有许多麦田，于是下令众军在行进时不许践踏麦田，违者立斩。话音未落，旁边麦田里惊起几只鹧鸪，曹操的坐骑没有防备，被惊着了，一下子跳进了麦田，踏坏了一大片麦子，曹操这下不知该说什么好了，只得硬着头皮对众人说，"军法无情，既然我违反了军令，我这就自杀。"

旁边众人怎么可能让曹操自杀呢？于是纷纷上前解劝，说大军不能无主帅，主公万万不可自杀。曹操当然是不会真的自杀，但他无论如何要做出个样子来重申军纪，于是他割下自己的一把头发，这叫"割发代首",让人传示众军,就说丞相违反了军令,现割发代首,众军人人肃然,从此军纪严明。

不一日,曹军来到了荆州地界的襄城,张绣率军在此镇守,张绣见曹军到来,亲自领兵出来与曹军对阵。张绣在阵前大骂曹操是个人面兽心的无耻小人,曹操令许褚出战,张绣军中大将张先接着,两将战了几个回合,张先敌不过许褚,被许褚斩于马下,曹军一拥而上,张绣军败回了城中,闭门不出。

曹操也没下令攻城,而是带着几个人,绕城一圈又一圈地观察地形与城墙结构。张绣见曹操如此这般,不知是何用意,赶紧请贾诩前来观看。贾诩看到曹操先是在城西待了许久,然后命人在城东外面垒起了土堆,还堆放大量檑木,摆出要攻城的架势,于是对张绣说:"曹操肯定是想声东击西,今晚我们在城东虚张声势,把兵力都埋伏到城西去,等曹军来攻城时,先放他们进来,然后瓮中捉鳖,定能大获全胜。"

张绣按照贾诩的计谋做了安排,到晚上果然曹军在城东假意攻城,张绣也派人在城东大声咋呼,虚张声势。而曹军的主力部队从城西悄悄摸了过来,张绣的伏兵先是按兵不动,等曹军进城后,突然四面出击,将曹军围在当中一阵砍杀,曹军大败,被张绣军追出了十里地。事后曹操清点人数,发现自己带出来的十万人被张绣消灭了一半。

张绣大胜曹军，心情奇佳，此时正好刘表派援军赶到，于是与刘表军合兵一处，一起去追杀曹操，当他们赶到曹军营寨时，发现曹军已经离去。张绣心想，难道曹操跑了？赶紧去追，一路追下去，终于追上了小股曹军，曹军见张绣军追来，一哄而散，没命似的奔逃。张绣大喜，心想看来曹军也有被我打怕的时候，此时一定要追上去，活捉曹操。

追着追着，很快就追进了一条山崖峡谷当中，眼见地势险峻，张绣有点犹豫，但看到曹军溃不成军的样子，又觉得这么大的便宜放着不捡岂非可惜，于是下定决心追了上去。结果只听一声炮响，悬崖两侧的伏兵四起，火箭如雨点般射了下来，跟着前后都出现了曹军的伏兵，将张绣军杀得大败而逃。

曹操此时其实真的打算撤退了，因为他接到许都荀彧的急报，说冀州袁绍率军往南进发，有趁他不在偷袭许都之意，这个消息对他来说是致命考验。曹操率军紧急赶回许都，袁绍探知曹操回来了，就不再向许都进发，而是改成了向曹操借粮草，在给曹操的书信中言语傲慢无礼，曹操看后大为不悦，但目前就实力而言，袁绍远胜于曹操。曹操不敢确定有朝一日若与袁绍决战是否有把握赢他，这时郭嘉出来给曹操打气，他总结了曹操十胜，袁绍十败的说法，让曹操对战胜袁绍充满了信心，但信心归信心，眼下该如何应对袁绍的威胁呢？

郭嘉对曹操说："主公可以让天子大大地封袁绍的官职,然后命令他去攻打公孙瓒,只要袁绍去攻打公孙瓒,我们就乘机先去将徐州的吕布消灭,除掉这个后顾之忧,接下去才能全力以赴与袁绍决战。"曹操听后觉得郭嘉说得有理,于是让天子下诏书封袁绍为大将军兼太尉,把朝廷最高的两个职位全都封给他,同时让他去打公孙瓒。袁绍接到天子的诏书后大喜,他认为曹操是怕了他,不敢与他为敌,于是就高高兴兴地去攻打公孙瓒了。袁绍的大军一走,曹操就立即联络刘备,准备共同出兵消灭吕布。

但没想到的是,曹操与刘备的书信往来被吕布截获了。吕布得知此事后大怒,立即点起大军,令张辽、高顺、臧霸、曹性、魏续、宋宪等将分三队进攻刘备所在的小沛。刘备得知吕布来攻,先让关羽、张飞等将率军守城,再让简雍去曹操那里求救,曹操得到刘备的求救信后,立即派夏侯惇、夏侯渊、吕虔、李典等将先行领兵去救,自己随后就来。

由于刘备等人紧守城池,吕布军一时也未能攻破小沛,一直等到曹操的援军到达,刘备军这才出城迎战。曹军的先锋是夏侯惇,他率军到时正遇上吕布军的高顺与曹性。夏侯惇出阵与高顺对杀,打了十几个回合,高顺打不过夏侯惇,拨马围绕着战场跑,夏侯惇紧追不舍。

吕布军中的曹性看得分明,悄悄张弓搭箭,一箭射出正中夏侯惇的左眼，夏侯惇大叫一声，用手拔出了这支羽箭，一口吃下了箭头带出的眼珠子，然后发疯似的直扑曹性。曹性被夏侯惇的疯狂行为吓坏了，稍稍没注意，被夏侯惇一枪刺死。虽说如此，但夏侯惇也失去了战斗力，高顺立即率军反攻，将曹军打得大败。

本来刘关张三人看到曹操的援军已到，觉得有恃无恐了，就率军出城与曹军合击吕布军，但没想到曹军竟然那么快被高顺击败了，而此时吕布也率众将赶到，刘关张三人敌不过吕布人多，被吕布军彻底打散，在乱军之中谁也找不见谁了。刘备被敌军追得单人独骑落荒而逃，小沛轻易就被吕布夺去了，连刘备的家眷也失陷在里面。看到自己家被抄了，兄弟也失散了，刘备无路可走，想来想去，只得独自先去许都投靠曹操。

一路上刘备连吃的都没有，到了第三天就实在撑不住了，只得去山村里向村民讨吃的。没想到山村里的村民们听说他就是那个仁义布于天下的刘豫州刘备，人人争着给他提供吃的，但村民们自己家其实也没什么　食物，能提供的只有野菜与稻糠。有一个名叫刘安的猎户，一定要让刘豫州去自己家里吃点野味，但到了家里后，根本就没有野味，怎么办呢？刘安竟然心狠手辣，悄悄地把自己的老婆杀死了，用老婆的肉冒充狼肉煮来给刘备吃。

刘备在半路上遇到了曹操的军队，见到曹操后，曹操对他大加宽慰，并带上他一起去攻打吕布。曹操的大军到达徐州城下后，吕布带着张辽、高顺等诸位将军分别在城外安营扎寨，准备对曹军形成包围之势。没想到曹操深通兵法，率军将吕布的军队各个击破，吕布看到战局不利，打算退兵回徐州坚守不出，没想到徐州城内负责守城的陈珪、陈登父子献城投降曹操了，不许吕布入城，吕布没办法，只得率领众将转投徐州附近的下邳而去。

曹操顺利占领了徐州，与刘备及陈珪、陈登父子一起庆祝，然后又派军围困了下邳。好在吕布在下邳集聚了不少粮草，加上下邳城高墙厚，曹军攻打了两个多月也没攻下来。曹操率人来回查看了下邳周围的地势情况，见有两条大河沂水与泗水经过城边，这个时节河水充沛，于是决定水淹下邳。他先让人将两条河的水阻挡住，等水位积到一定高度后，再突然放水，顿时大水涌进了下邳城，导致城内水深一尺多。这样一来，曹军暂时攻不进去，吕布军也出不来，大家就这么干耗着。

时间长了，吕布也是一筹莫展，只得每天陪着妻妾喝酒解闷，将军们还好，但士兵们大多泡在水里，城中水位不退，士兵们怨声载道，士气逐步低落，甚至有些士兵悄悄地逃跑了。看到这种情况，吕布的心情也很差，经常发脾气，宋宪、魏续两将在一个不恰当的时候意外触怒了吕布，被吕布下令鞭打。事后两将心想，吕布此人薄情寡义，不值得我们为他卖命，干脆我们悄悄地将他捉住，献给曹丞相算了，或许还能保住一条性命。

于是当吕布某一次到城门楼来巡视守备情况时，魏续与宋宪突然发动了兵变，他们活捉了吕布，开城门放曹军入城，高顺、张辽、陈宫等人猝不及防也分别被抓住了，曹操顺利占领了下邳。他首先下令将城中的大水放出去，然后在白门楼上会同刘备一起提审吕布等被俘诸将，吕布到此时才如梦方醒，他哀求曹操放他一条性命，他愿意投靠曹操，甚至拜曹操为干爹。

吕布之英勇人所共知，一旦有吕布协助，表面上曹操是如虎添翼了，这让曹操有点心动。但此时旁边的刘备却心里害怕，他也知道吕布的厉害，心想如果曹操得到吕布这样的猛将，将来更不好对付了，于是不失时机地对曹操说了一句话："丞相难道忘记了丁原与董卓之事？"曹操一听立即明白了，看来吕布的干爹可不好当啊，谁当谁没命，于是下定决心将吕布杀了。吕布手下诸将，除张辽因关羽力保而归顺了曹操之外，其他人都被曹操杀了。其中曹操最不舍得杀的是陈宫，因为他智谋过人，是位难得的军师人才，但陈宫不愿意投靠曹操，曹操也无法可想，只得杀了他。

在曹操围攻下邳之初，关羽就有一次专程来到曹操的营中面见曹操，当时曹操也很纳闷，心想这关羽怎么了？他为何单独来见自己，难道有弃刘备而投自己之心？但想想又似乎不可能，大家都知道刘关张桃园三结义，三个人比亲兄弟还亲，绝无私自投靠他人之豫。于是那天曹操无比好奇地接见了关羽，关羽竟然向他提出了一个奇怪的请求，关羽说："丞相知我无妻，但肯定不知是何原因，今天我想告诉丞相的是，吕布部将秦宜禄之妻杜月娘是我的旧爱，如果下邳城破，吕布被灭，请丞相千万留下杜月娘赏赐给我，我对丞相之恩感激不尽。"

曹操想都没想就答应了，谁没个旧日相好呢？关羽有也不稀奇，一个女人而已，给他就给他吧。

没想到当曹操水淹下邳，吕布无路可走时，关羽眼看下邳真有可能被曹军打下来，又一次找机会去跟曹操说："丞相切勿忘了，一旦占领了下邳城，千万要记得将杜月娘赏赐给我哦。"

曹操心想，这关羽平时一身英雄气概，怎么为此事却这般婆婆妈妈？难不成这个杜月娘十分美貌？

等到曹军真的攻下了下邳城后，曹操捉住了所有人，就是没见到秦宜禄，一打听才知道秦宜禄在前段时间被吕布派到袁术那里去传信了，结果袁术见他长得英俊，就将他强行留了下来，强迫他娶了汉宗室的一个女子。曹操倒是真不关心这秦宜禄怎样了，他关心秦宜禄的妻子杜月娘是哪一位？有认识的指给他看，曹操只见一位身怀有孕的女子姿色果然极其不凡，用国色天香来形容一点不为过，曹操一看就喜欢上了这个女人，心想如此绝色佳人，送给关羽岂非可惜了，干脆我自己留下。想到这里，曹操赶紧派人专程将杜月娘送到许都去交给卞夫人照顾，算是他自己新纳的侍妾。

事后关羽又来找曹操要杜月娘，曹操顾左右而言他，没想到关羽不依不饶，一定要向曹操讨要杜月娘，曹操只得跟关羽说实话了，他说："杜月娘我自己要了，不能给你，但我可以把最著名的大美女，吕布的老婆貂蝉赏赐给你，你看如何？"

关羽一听，大为失望，知道曹操既然动了这个心思，再想从他手里夺下杜月娘来势必比登天还难，但这天下的女人，除了杜月娘，他谁都不想要。曹操为了照顾关羽的情绪，加上自己夺人所爱多少有点愧疚，于是硬将貂蝉送给了关羽，但关羽认为貂蝉是个不祥之人，她狐媚害主，于是就将她杀了。

杜夫人被送到许都曹府后，大家都觉得新鲜，心想老爷真是越来越有出息了，接连不断纳妾也就算了，现在连有身孕的女人也要。但既然曹操吩咐了，要卞夫人好好照顾，卞夫人也没办法，只得好好照顾这位杜夫人。没多久杜夫人生下了一个儿子，这个儿子明显是秦宜禄的，曹操也不反感，大大方方地给他取名"秦朗"，作为养子养在府里。

在后续的几年中，卞夫人又生了儿子曹熊；杜夫人生了儿子曹林和曹衮，还有女儿金乡公主；秦夫人生了儿子曹玹和曹峻；尹夫人生了儿子曹矩。而当初刘夫人所生，后来转给丁夫人抚养的儿子曹铄却病死了，有人说是环夫人报仇。环夫人自从最爱的儿子曹冲死后，整个人都不好了，整天神思恍惚，经常疑神疑鬼，大家知道她的心病，都很理解她，也很可怜她。

现在曹府是卞夫人当家，曹操回来后就会找卞夫人聊一下家里的情况，曹操问："最近家里的情况怎样啊？各夫人之间有没有什么矛盾？"

卞夫人答："老爷不在时，大家都很和谐，人多的大家庭，矛盾肯定会有，但只要相互谦让，彼此不太计较，也就没什么化解不了的矛盾。"

曹操又问："家里孩子们读书与练武的情况怎样呢？"

卞夫人答："孩子们各有兴趣爱好，有的喜欢读书，有的喜欢练武，我建议尊重每个孩子自己的想法，选他们感兴趣的项目去学，这样效果就好很多。"

曹操说："我也觉得现在家里的情况很安定，比丁夫人在时好了不少。"

卞夫人说："一眨眼的工夫，丁夫人回娘家也许多日子了，老爷您是不是该去请她回来？"

曹操说："无所谓啦，家里也不少她一个女人，她不想回来，我也不去求她。"

卞夫人说："丁夫人爱面子，老爷就给她个台阶吧，去老家请一请，这样她不就回来了？"

曹操心想，这卞夫人倒也通情达理，竟然劝我去把丁夫人接回来，看来她真的是与世无争。不过曹操再仔细想想，觉得卞夫人说得也对，这么长时间了，丁夫人一直在娘家待着也不是回事，于是就答应带着卞夫人一起回一趟老家，将丁夫人接回来。

曹操的老家在今天的安徽亳州，当时叫沛国谯县。丁夫人的娘家在当地是个大族，自从丁家出了曹操这个女婿后，在家乡更是有头有脸。这次丁夫人离开了曹府搬回娘家住，丁家人虽然也反复劝她不要与曹操置气，但丁夫人却是个脾气很犟的女人，她宁死也不愿意回去，大家都拿她没办法，只好寄希望于她与曹操只是一时赌气，很快就会和好的。

丁夫人最初也认为，她只是要气一气曹操，过段时间就没事了，结果没想到的是，她回娘家时间不长，曹府竟然传来噩耗，说她的另一个养子曹铄也死了。曹铄并没有曹昂那样长子的地位，平时也不受曹操重视，对继承人的位置没有竞争力，但毕竟也算是丁夫人的一个养子，现在连他都死了，丁夫人在曹家就彻底没指望了。

在那个年代，一个女人一旦没有儿子，就像没有个人储蓄那样，到老就没依靠了，丁夫人这次再失去曹铄，连最后的指望也彻底断了，回不回曹家已经无关紧要。在自己娘家,不管怎么说总还能一个人躲清静,到了曹家,在一大群女人当中,自己没有孩子,肯定被冷落被排挤,加上夫君不宠爱,就更没什么将来可言了。

这次曹操亲自来丁家看望丁夫人,丁家全家对曹操都无比恭敬,只有丁夫人不以为意,她心中还在怨恨曹操害死了她的大儿子曹昂。如果曹昂没死,她一切都有希望,而曹昂一死,她的命运其实已经改变了,曹铄在不在影响都不大。只不过曹铄好歹也算是她在曹家立足的一张牌,现在连曹铄也不在了,她还有什么指望?回到曹家去干什么?所以当曹操劝她回去时,她不答应,也真的不想回去。

卞夫人也帮着曹操劝,说只要丁夫人回去,这个大夫人的位置还是让给她,丁夫人虽知这是卞夫人的好意,但这种好意能有什么用?你卞夫人自己争气,连生了四个儿子,而且个个有出息,而我若是回去,就算还当大夫人,但这大夫人只是个空名。哪天丈夫不喜欢了,喜欢其他女人了,或者丈夫死了,自己的位置随时会被取代,与其去挂一个空名而受无穷之罪,还不如待在家里独自生活来得清静。

曹操与卞夫人左劝右劝就是劝不动丁夫人,最后曹操也发火了,对丁夫人说:"你若再不答应回家,我可就真的与你离婚了。"说完看丁夫人的反应,见丁夫人不为所动,于是曹操就写下了休书,决定与她离婚。

丁夫人与曹操离婚后，曹府就确定了卞夫人作为大夫人的地位，很多人前来恭贺，卞夫人却只是淡淡地说："替老爷将曹家管好这是我分内的事，不值得恭贺。"但经过这一连串的变故，最直接的受益者却是卞夫人的三个儿子：曹丕、曹彰与曹植，他们三人一下子咸鱼翻身，变得有资格争当曹操的接班人了，但到底谁能拔得头筹？大家莫衷一是。

按照常规来说，曹丕年纪最大，应该最有希望，那时的规矩是"立长不立幼"，但曹操一向是个突破常规的人。他这一生，除了擅长政治与军事之外，还擅长文学与诗词。在文学与诗词方面，曹植已展露出有望成为天下第一人的苗头，而曹操对这方面尤为注重，所以也格外喜欢曹植，甚至有人猜测，曹操有培养曹植成为接班人的可能性。

曹丕从小热衷于政治与权谋，对文学的造诣也颇深；曹彰喜欢练武，从小的志向就是当一名将军。本来有曹昂在，或者是曹冲在，曹丕、曹彰、曹植被立为世子基本没希望，但是人算不如天算，命运之变化总是出人意表。经过此次反转，他们的亲生母亲卞夫人成了曹家的大夫人，曹丕成了嫡长子，曹彰、曹植也很有希望，这让本来和睦无争的三兄弟关系变得微妙起来，大家不再单纯友善，而是相互别起了苗头。

曹操自从灭了吕布之后，带着刘备回到许都。为了笼络刘备，曹操让他面见了天子，天子问起刘备的来历，刘备说自己是西汉景帝的儿子中山靖王刘胜之后。刘胜距离刘备大约早了两百多年，相隔了十八代，就算是他的祖宗，那也是十八代祖宗，这十八代人中还有隐居不仕的，基本已无从查证，但若按照辈分来排，他还算是天子的叔叔。

天子心想，如今曹操弄权，朕在朝廷无所依靠，能有这么个英雄叔叔也不是坏事，将来若有需要，也是个帮手，于是就很高兴地承认了刘备皇叔的身份，以后大家就都管他叫"刘皇叔"。

曹操回到他的丞相府后，程昱对他说："主公，这刘备真的不是一般人，你将他捧到了皇叔的高位，只怕将来不好收拾。"

曹操说："没事，他既然当了皇叔，以后我以天子的名义命令他，他更加不敢不从了吧，再说就算他有本事，不放他出去，就让他在我的眼皮底下待着，他能有何作为？"

程昱说："那是当然，若丞相能记得不放他出去，应该没事。另外据说老太尉杨彪与袁术家有亲戚关系，万一我们将来与袁绍打起来，杨彪会不会做内应？"

曹操说："这倒是个问题，只是杨太尉在朝中人望极高，若杀了他似乎说服不了众人，我明天就让他回家去养老，这样总没问题了吧。"

程昱说："目前的情况已经很清楚了，我们与袁绍之间必有一战，谁胜谁就是北方地区的霸主，只是朝中诸位大臣，究竟谁与我们不一条心，现在还很难分辨出来。"

曹操说："我也正在忧虑这件事，袁绍现在各方面都明显强于我们，与他交战刚开始时必定十分艰难，万一朝廷内部有人串通袁绍在我们背后捅刀子，那就麻烦了。"

程昱说："不如我们来一次火力侦察，一次性看清楚谁与我们不是一条心。"

曹操说："怎么个火力侦察法？"程昱附到曹操耳边，低声说了一些话，曹操会心而笑。

第二天曹操上朝对天子说："最近春暖花开，正是郊外打猎的好时候，陛下久居龙庭，也该出去走动走动，是否明天我们一起去打猎？"

天子对曹操的建议一向不会拒绝，曹操说要去打猎，那就去打猎吧。于是安排下去，天子要与丞相一起出城打猎。

这一天,许都城外的许田猎场旌旗招展,百官云集,天子与丞相来此打猎,御林军将整个猎场围住,将动物赶过来让天子射杀,天子射了几只兔子,感觉很高兴,但见曹操始终未发一箭,就问他道:"丞相为何不发一箭?"曹操说:"我今天的箭没有带对,分量轻了,不趁手。"天子说:"那就用我的箭来射吧。"说完给了他一支金铖箭,这种箭是皇帝的专用箭,曹操用它一箭射出去,射中了一只鹿,站在外围的百官看到后,以为是皇帝射的,于是山呼万岁,只见曹操一带马缰绳,竟然越过了天子,公然接受百官朝贺。

这可是件犯禁的大事,可谓大逆不道,百官见后面面相觑,大家心中都在想,难道曹操准备谋反了?天子也大为惊诧,一时不知该说什么。此事一发生,大家对打猎都没兴致了,草草收场回去拉倒,刘备三兄弟在旁边看到了全过程,碍于曹操的淫威,大家都是敢怒不敢言。

天子回到宫中也是闷闷不乐,他想曹操这厮的真面目暴露出来了,一旦掌权,与董卓何异?两人同样地狼子野心,同样不把朕放在眼里,照这么下去,只怕篡位是迟早的事,我该怎么办呢?想到朝中上下全都是曹操的亲信,自己几乎没有可依靠的人,天子无奈地长叹一声。

这时他的爱姬董贵人过来劝慰他,天子深居宫中,只有董贵人与他最亲近。于是天子就向董贵人述说了曹操犯禁之事,董贵人听后也是万分气愤,她对天子说:"只有自己的亲人或许能在关键时候帮上忙,要不然就找我的父亲,国舅(当时将岳父称作"外舅")董承试试,或许他有办法帮助陛下。"

国舅董承是董贵人的父亲,现被封为车骑将军,是少数让天子信任的大臣之一。天子心想,找国舅来谈谈,舒缓一下郁闷的心情也好,于是宣召董承进宫。董承进宫后见到天子,两个人对许田围猎事件越说越气,越想越不对头,觉得曹操反迹已露,不赶紧采取行动只怕他就要篡位了,董承答应去联络几位有实力的盟友,大家联起手来,一起消灭曹操,将政权夺回来。

两人商量,找谁做盟友合适呢?此人必须既有忠心又有本领,想来想去,列出了包括马腾、刘备、王子服、孔融、荀彧等人在内的一份名单,董承答应天子他会逐个去联系,一旦联系成功就让他们在名单上签字,从此齐心协力誓灭曹贼。为了增加董承做此事的力度,天子还咬破手指,在衣带上写下血书作为密诏交给董承,让他缝在腰带里,必要时可以拿出来替天子宣诏,调动天下兵马进京勤王。董承与天子所密谋之事,一直都被曹操派人监视着,他就是要借此机会彻底查清谁与自己不是一条心,把所有反对派全部清除,与袁绍相争才能内无掣肘。

刘备此时身在许都,他很清楚自己的处境,也知道曹操对他是有防范的,于是平时没事时就在住宅后面的土地上种菜。这叫"韬光养晦"，明摆着告诉曹操，我刘备胸无大志，平时既不关心国家大事，也不关注政局变化，只愿意种地务农。他的两个兄弟关羽和张飞不明白大哥的葫芦里卖的是什么药，但他们相信大哥总是没错的，所以就随他每天去种地。刘备平时的一举一动，曹操都派人暗中监视着，看到他除了种地啥都没干，曹操这才有点放心。

这一天曹操派许褚去请刘备到丞相府一叙，当许褚带领几个士兵来到刘备的住处时，把正在种地的刘备吓了一跳，心想难道曹操看破了我的韬晦之计？但既然许褚已经来了，他也无法可想，只得跟着去见曹操。曹操见到刘备后还算客气，把刘备请到后花园的凉亭里，这里预先准备了一些煮酒器具，曹操很客气地请刘备坐，然后对他说："最近事情太多，一直没腾出时间与刘使君你一起喝酒聊天，今天得空，看到有人给我送来不少青梅，于是就请你来这里与我一起青梅煮酒，纵论天下事。"

刘备心想，估计曹操这是要当面观察我的言行，如果发现我胸有大志，可能就要把我杀了，所以我千万不可显出自己有能耐。所以当曹操问起，天下诸侯谁才是真的英雄时，刘备故意东拉西扯，言不及义，让曹操觉得他缺乏观察局势的眼光。到了最后，曹操实在憋不住，其实他是想说只有自己才是真的英雄，但当着刘备的面，这样说似乎太目空一切了，于是只能委婉一点，将刘备也带上，说："以我所见，这天下英雄唯使君与操耳。"

也就是说,只有我和你两个人才是真的英雄。这句话把刘备吓得手脚发抖,连筷子都掉在了地上,他就怕曹操认为他是英雄,一旦曹操这么认为,自己就必死无疑了。正在此时恰巧天上一声响雷,似乎要下暴雨,刘备假装害怕打雷,所以跌落了筷子,巧妙化解了曹操的疑心,让他以为自己胆小如鼠,连打雷都怕,那还有什么勇气争夺天下?

第二天在丞相府,有探马来报,说袁术自从被曹军击败后,打算前去投靠袁绍,曹操觉得虽然袁术水平一般,但他毕竟实力尚存,一旦去投靠了袁绍,对自己将来与袁绍的决战不利,最好能派人去阻截袁术,别让二袁汇合。刘备正在旁边,他立即上前请战,说只需给他五万兵马,他一定能将袁术彻底解决,曹操当时也没细想,看刘备信心满满,就同意他率五万兵马去消灭袁术。刘备率军离开后,郭嘉和程昱征粮回来获知此事,赶紧前来劝告曹操,说你怎能放刘备离开许都呢?他这一去,从此只怕是龙入大海了。曹操一听也有点后悔,赶紧命令许褚去把刘备的大军叫回来。

许褚骑快马追出了很远才总算赶上刘备的大军,他对刘备说:"丞相有令,让你们赶紧率军回去。"但此时的刘备却说:"将在外君命有所不受,丞相既然已经派我出征,我就没有理由回去。"许褚万没想到竟然还有人敢不听丞相的命令,他一时语塞,丞相可没说,一旦刘备不肯回来我该如何?是与他厮杀还是怎样?看到刘备身边关羽和张飞虎视眈眈的模样,许褚也没有把握战胜他们,于是只得先去复命,看丞相接下去如何指示。

许褚对曹操说了刘备不肯回来之事,曹操心想,难道说刘备真有反意? 但目前证据还不充分,现在若立即派更多兵马去与刘备所率的曹军内讧有点草率,不如先看看情况再说,万一刘备真要造反,我再出兵平叛不迟。

刘备率军去攻打袁术,袁术此时已是强弩之末,本来一心想要称帝,但天下诸侯无人响应,搞得心情奇差,每战不利,最后被刘备率军打败,袁术活活被气死了。刘备缴获了袁术手中的传国玉玺,派人去送给曹操,同时要求留下兵马镇守徐州,曹操收到玉玺后心情大佳,虽然看到刘备不听指挥,有点自作主张的味道,但也就暂时放他一马,同意他留守徐州。曹操不愿在此时与刘备闹翻还有一个更重要的原因是:北方的袁绍已经消灭了公孙瓒,正在率军向许都而来,他要集中力量对付袁绍,不能在这个节骨眼上两面树敌。

第六章

河朔多栋梁

人生苦短，好的公司、好的伴侣都需要选择，不要在错误的地方浪费时间。

在成功前，别太在乎虚名，计较虚名往往会让自己处于实祸。

昆虫有的只能活几天，人看到它们争斗会觉得十分可笑，其实上天看人争斗也觉得无比滑稽。

表面上风光的人其实未必真好，给你多高的位置，你就得承担多大的风险。

"唯才是举"是用人的通途，绝大多数的人，用对了地方，都是人才。

篆書刻昌

此时的袁绍刚剿灭公孙瓒，在冀、青、幽、并四州兵强马壮，粮食丰足，正在犹豫是不是要马上与曹操开战，以争夺北方霸主的地位，袁绍的帐下谋士众多，大家各抒己见。

田丰说："我军刚打完公孙瓒，军士疲惫，需要休整；百姓最近也饱受战火之苦，应该给他们一段休养生息的时间；我们的军粮看起来虽然很多，但军队的人数更多，想要和曹操决战，最好再多做些准备工作，不要盲目出击。如果有个三年时间作筹备，我们的基础将更加稳固，到那时消灭曹操就很容易了。"

审配说："打仗最重要的是把握时机，目前我们与曹操的实力对比悬殊最大，我们虽不十分强大，但曹操更加弱小。如果拖延三年，曹操只怕也成长起来了，到那时能不能消灭他还是个未知数，不如现在一鼓作气，将他这支势力扼杀掉。"

沮授说："打仗不完全依靠实力，实力虽然重要，但统帅的能力更加重要。曹操很善于用兵，对属下治理有方，目前天子在他的手里，若要与他相争，得师出有名才是，妄动无名之师，胜算可能不大。"

郭图说："曹操名为汉相，实乃汉贼也。他把持朝政，为所欲为，不把天子放在眼里，我们兴兵清君侧怎么会是无名之师？像曹操这样的乱臣贼子人人得而诛之，只要我们打出的旗号正义，此事就容易办。"

四位谋士各执一词，把袁绍给说糊涂了，正在此时，又有两位谋士走进来，他们是许攸和荀谌，袁绍于是就问他们，依你们俩之见，我现在是起兵讨伐曹操好呢？还是等待时机，以后再说好？没想到这两位谋士倒是意见一致，他们都认为应该立即起兵伐曹，说："我们目前的实力远胜于曹操，现在起兵伐曹，只要舆论宣传做到位，胜算应该是很大的。"

讨论的结果最后是四比二，多数赞成立即起兵讨伐曹操，于是袁绍就下定了决心，立即准备出兵伐曹。在此之前，他让他的主簿，著名笔杆子陈琳写一篇讨伐曹操的战斗檄文，用来宣告天下，彰显此次出兵的正义性。陈琳的文笔在当时是首屈一指，写一篇檄文对他来说那是轻而易举，他立即洋洋洒洒地写道：

　　盖闻明主图危以制变，忠臣虑难以立权。是以有非常之人，然后有非常之事;有非常之事,然后立非常之功。夫非常者,固非常人所拟也。

曩者,强秦弱主,赵高执柄,专制朝权,威福由己;时人迫胁,莫敢正言;终有望夷之败,祖宗焚灭,污辱至今,永为世鉴。及臻吕后季年,产禄专政,内兼二军,外统赵梁;擅断万机,决事省禁;下陵上替,海内寒心。于是绛侯朱虚兴兵奋怒,诛夷逆暴,尊立太宗,故能王道兴隆,光明显融:此则大臣立权之明表也。

司空曹操:祖父中常侍腾,与左棺、徐璜并作妖孽,饕餮放横,伤化虐民;父嵩,乞丐携养,因赃假位,舆金辇璧,输货权门,窃盗鼎司,倾覆重器。操赘阉遗丑,本无懿德,僄狡锋协,好乱乐祸。

幕府董统鹰扬,扫除凶逆;续遇董卓,侵官暴国。于是提剑挥鼓,发命东夏,收罗英雄,弃瑕取用;故遂与操同谘合谋,授以裨师,谓其鹰犬之才,爪牙可任。至乃愚佻短略,轻进易退,伤夷折衄,数丧师徒;幕府辄复分兵命锐,修完补辑,表行东郡,领兖州刺史,被以虎文,奖蹙威柄,冀获秦师一克之报。而操遂承资跋扈,恣行凶忒,割剥元元,残贤害善。

故九江太守边让,英才俊伟,天下知名;直言正色,论不阿谄;身首被枭悬之诛,妻孥受灰灭之咎。自是士林愤痛,民怨弥重;一夫奋臂,举州同声。故躬破于徐方,地夺于吕布;彷徨东裔,蹈据无所。

幕府惟强干弱枝之义,且不登叛人之党,故复援旌擐甲,席卷起征,金鼓响振,布众奔沮;拯其死亡之患,复其方伯之位:则幕府无德于兖土之民,而有大造于操也。

后会銮驾返旆,群虏寇攻。时冀州方有北鄙之警,匪遑离局;故使从事中郎徐勋,就发遣操,使缮修郊庙,翊卫幼主。操便放志:专行胁迁,当御省禁;卑侮王室,败法乱纪;坐领三台,专制朝政;爵赏由心,弄戮在口;所爱光五宗,所恶灭三族;群谈者受显诛,腹议者蒙隐戮;百僚钳口,道路以目;尚书记朝会,公卿充员品而已。

故太尉杨彪,典历二司,享国极位。操因缘眦睚,被以非罪;榜楚参并,五毒备至;触情任忒,不顾宪纲。又议郎赵彦,忠谏直言,义有可纳,是以圣朝含听,改容加饰。操欲迷夺时明,杜绝言路,擅收立杀,不俟报国。又梁孝王,先帝母昆,坟陵尊显;桑梓松柏,犹宜肃恭。而操帅将吏士,亲临发掘,破棺裸尸,掠取金宝。至令圣朝流涕,士民伤怀!

操又特置发丘中郎将、摸金校尉,所过隳突,无骸不露。身处三公之位,而行桀虏之态,污国害民,毒施人鬼!加其细致惨苛,科防互设;罾缴充蹊,坑阱塞路;举手挂网罗,动足触机陷:是以兖、豫有无聊之民,帝都有吁嗟之怨。历观载籍,无道之臣,贪残酷烈,于操为甚!

幕府方诘外奸，未及整训；加绪含容，冀可弥缝。而操豺狼野心，潜包祸谋，乃欲摧挠栋梁，孤弱汉室，除灭忠正，专为枭雄。往者伐鼓北征公孙瓒，强寇桀逆，拒围一年。操因其未破，阴交书命，外助王师，内相掩袭。会其行人发露，瓒亦枭夷，故使锋芒挫缩，厥图不果。

今乃屯据敖仓，阻河为固，欲以螳螂之斧，御隆车之隧。幕府奉汉威灵，折冲宇宙；长戟百万，胡骑千群；奋中黄育获之士，骋良弓劲弩之势；并州越太行，青州涉济漯；大军泛黄河而角其前，荆州下宛叶而掎其后：雷震虎步，若举炎火以爇飞蓬，覆沧海以沃燎炭，有何不灭者哉？

又操军吏士，其可战者，皆出自幽冀，或故营部曲，咸怨旷思归，流涕北顾。其余兖豫之民，及吕布张杨之余众，覆亡迫胁，权时苟从；各被创夷，人为仇敌。若回旆方徂，登高冈而击鼓吹，扬素挥以启降路，必土崩瓦解，不俟血刃。

方今汉室陵迟，纲维弛绝；圣朝无一介之辅，股肱无折冲之势。方畿之内，简练之臣，皆垂头拓翼，莫所凭恃；虽有忠义之佐，胁于暴虐之臣，焉能展其节？

又操持部曲精兵七百，围守宫阙，外托宿卫，内实拘执。惧其篡逆之萌，因斯而作。此乃忠臣肝脑涂地之秋，烈士立功之会，可不勖哉！

操又矫命称制，遣使发兵。恐边远州郡，过听给与，违众旅叛，举以丧名，为天下笑，则明哲不取也。

即日幽并青冀四州并进。书到荆州，便勒现兵，与建忠将军协同声势。州郡各整义兵，罗落境界，举武扬威，并匡社稷：则非常之功于是乎著。

其得操首者，封五千户侯，赏钱五千万。部曲偏裨将校诸吏降者，勿有所问。广宜恩信，班扬符赏，布告天下，咸使知圣朝有拘迫之难。如律令！

等陈琳写完，袁绍拿过来一看，顿时大喜，心想这篇檄文写得好啊，我看胜过二十万雄兵，打仗打的是士气与民望，舆论工作必须放在第一位。宣传做得好，出兵的正义性与合法性就强，否则以曹操目前将天子握在手中的现状，我们出无名之师，只怕有叛乱之嫌。

袁绍立即让人将檄文发布出去，要让天下百姓全都看到，一起支持我们的正义事业。这篇檄文被抄送到许都丞相府里时，曹操躺在床上正患头痛之症，最近事情太多太烦，他已经头痛了好几天，无论吃什么药，都一直治不好。此时看到袁绍发布的这篇檄文，文中字字锥心，像无数支利箭射得他体无完肤，曹操的头痛之症立即就痊愈了，他霍然从床上坐了起来，大声问："此文是何人所写？"旁边有人回答："听说是陈琳所写。"曹操赞叹道："好文章啊，陈琳的确是个人才，可惜为袁绍所用，他这篇文章的杀伤力太强了。"

这段时间在曹府之中，大家都知道曹操很快就要与袁绍决一死战了，此事虽然早有预想，但真要碰到，大家的心里还是一阵紧张。袁绍出身世家大族，财雄势强，无论所占地域的广阔程度，还是所拥有的军队数量、谋士数量、粮草数量，样样都超过曹操，曹操与他相争，难度可想而知。但历来一山不容二虎，袁曹之间的决战不可避免。若胜利了，将来前途一片光明；若失败了，大家灰头土脸打回原形。

这一日，曹丕、曹彰与曹植在后花园喝茶闲聊，说着说着就说到了父亲即将与袁绍的决战之事，曹丕说："雄才大略如我们父亲这般，这一生也要遇到无数艰难险阻，就算十件事情中成了九件，只要有一件没成，很有可能就会身败名裂。"

曹彰说："自古以来成王败寇，打起仗来一切都以胜利为首要目标，这次父亲若与袁绍作战，我看绝对不会速战速决，应该是一场持久战。"

曹植说："父亲的优势在于有天子在手，做事情名正言顺，袁绍最大的不利之处就是反天子逆潮流而行，胜负之数不战已定。"

曹丕说："三弟你只看到了一个方面，袁绍大可以打出'清君侧'的旗号，战争最终讲的还是实力，至于正义性可以通过舆论获得，宣传到位了，黑的都能被说成白的。"

曹植说："大哥，我也看到了陈琳所写的那篇檄文，平心而论，他写得真好，据说父亲看到此文后，连头痛的毛病都痊愈了，所以我想在父亲出征前，我们也写几篇有分量的文章出来为父亲鼓劲。"

曹彰说："写文章的事就靠老三你了，我希望能随父亲上阵杀敌，男子汉大丈夫就该去战场上建功立业，杀敌报国才能名垂青史。"

曹丕说："你没听说过'运筹帷幄之中，决胜千里之外'吗？真正会打仗的必定是饱读兵书的文人，就如我们父亲一般，他不需要亲自去阵前厮杀，但他却能胜任大军统帅之职。"

此时的曹操也在丞相府中召集众人研究对付袁绍之策，既然袁绍连檄文都已发出，与他一战是势在必行了。虽然很多人还在顾虑袁绍的兵多将广，但荀彧却一针见血地列举了袁绍的诸般不足之处，认为此时此刻更应该协力同心，共破袁绍。曹操对荀彧的说法大为满意，他一方面派刘岱与王忠两将打着丞相的旗号去假装进攻刘备，这叫"以攻为守"，免得刘备乘机偷袭许都，另一方面集中主要力量，随自己一起去迎战袁绍。

曹操与袁绍领军屯兵在官渡一带,相距八十里路,分别深沟高垒对峙着。曹操由于实力较弱,不敢率先发难,而袁绍也没轻易发起攻击,原因是他这里的谋士太多了,大家各有各的建议,相互难分伯仲,搞得一向没主见的袁绍下不了决断。于是两军就这么干耗着,时间长了,曹操有点坐不住,心想如果官渡之战没那么快开打的话,我还有其他事情要干呢。

究竟还有什么事情让曹操放心不下呢?首先是徐州的刘备,他总怕刘备会在关键时刻从背后捅自己一刀;其次是还没被征服的张绣,张绣与他有仇,也很有可能会随时抄自己的后路。既然现在暂时没有开战的迹象,曹操就让曹仁代替自己留守在官渡与袁绍对峙,他回到许都去解决上面提到的两个后顾之忧。

曹操回去后,先是命令刘岱、王忠两将从佯攻刘备改成实攻刘备,最好把刘备给灭了。但没想到的是,刘岱和王忠这两位将军的打仗水平极其差劲,佯攻尚可应付,实战根本不行,他们哪里打得过刘备?没几下子就被刘备彻底打败了,不但所率的军队全军覆灭,连自己都被关羽、张飞活捉了去,结果还是刘备为了彰显仁义之名而放了他们。刘岱和王忠回到许都,曹操看到这两个丢人现眼的家伙,气不打一处来,几乎要杀了他们,结果还是孔融求情才勉强饶过。

虽然在刘备这里结局不利,但在张绣那边似乎出现了转机,曹操派谋士刘晔前去劝降张绣，本来也就是个先礼后兵的顺序，没想到张绣帐下的谋士贾诩力劝张绣投降曹操。张绣问贾诩："我们与曹操有仇，不但杀了他的爱将典韦，还杀了他的大儿子曹昂、侄子曹安民，甚至连曹操本人都差一点被我们杀了，去投降他能有好结果吗？我看是不是与袁绍联手对抗曹操更加可行呢？"

贾诩说："袁绍此人连他自己的亲弟弟袁术都不能接纳，更何况接纳其他人？而曹操却不同，他是个做大事的人，不会在乎一些小恩怨，只要对大局有利，以前的那些事情算不了什么，他一定不会计较。"

张绣是非常相信贾诩的，既然贾诩这么说，张绣也没意见，就让他去与曹操派来的使者刘晔沟通，刘晔对贾诩说："请张将军放心，我们丞相若是还记着以前的仇怨，这次就不会派我来谈判了，曹丞相是一个有大格局的人，只要张将军能够归顺朝廷，保管给他高官厚禄，以前的事既往不咎。"

于是张绣就率军前来归顺曹操，曹操听说后大喜，亲自迎了出来，张绣见到曹操立即拜谢前罪，曹操双手扶起张绣说："以前的事就算了，一些小误会而已，大家都别再提，今后我们一起在朝中为官，还需同舟共济才是。"曹操让天子封张绣为扬威将军，封贾诩为执金吾。

曹操看刘晔轻而易举就让张绣归顺了自己，觉得如果都能这样不战而屈人之兵那可太好了,既然张绣能降,那么刘表是否同样能降呢?张绣与刘表的关系不错,不如让他写一封书信去劝刘表投降吧。这时贾诩过来对曹操说:"丞相,刘景升(刘表字景升)喜欢与名士结交,如果能派一位名士前往,更容易让他同意归顺。"

旁边的荀攸也说:"我听说刘景升此人每日里喜好与各方名士高谈阔论,发表一些不切实际的观点,既然我们要劝他来降,是需要投其所好,我推荐派孔融去,一定有效。"曹操心想,孔融的确是个合适的人选,因为他是孔子的后代,当世读书人的代表,名望足够大,于是就让荀攸去请孔融出马。

荀攸来到孔融那里,对他说了丞相的意思,但孔融并不愿意替曹操办事,他不但不愿意,还存心想看曹操的笑话,于是不怀好意地对荀攸说:"若要去劝降刘景升,我的名气只怕还不够,我推荐让祢衡去,他才是当世第一名士,他若前往,刘景升必定来归。"

祢衡此人荀攸听说过,据说他心高气傲,目空一切,自恃才高而不把其他人放在眼里,不过此人的名气的确够响亮,说他是当世名士一点不为过。于是荀攸回去跟曹操说了此事,曹操说:"行啊,既然孔融推荐让祢衡去,那你就去宣召祢衡吧,请他走一趟,只要能将刘表招降过来,我重重有赏。"

荀攸来到祢衡那里,祢衡对他很是冷淡,但荀攸既然来了,只得对祢衡说了丞相希望他出使荆州的想法。没想到祢衡根本不理这个茬，他是那种自视清高，觉得全天下就自己是最牛的人，他傲慢地对荀攸说："丞相为什么来找我？难道朝中没人了吗？"荀攸说："并非朝中无人，而是丞相看得起先生，再加上有孔文举（孔融字文举）的推荐。"

祢衡说："我看整个朝廷当中，也只有孔文举算是一个人物，其他人全都是垃圾。"荀攸听后心里有气，但还是客气地说："如今朝廷中文臣武将人才济济，怎么会全都是垃圾呢？"祢衡说："那些大臣在我看来也就是些练嘴皮子的，他们懂啥治国之道？"荀攸见祢衡太过狂妄，不再与他争辩，先回去将此事禀报丞相再说。

曹操听完荀攸的汇报，也觉得祢衡此人太过分，不整治他一下看来是不行了，于是第二天上朝时，命人将祢衡请来，让他在朝廷大门口充当击鼓的鼓吏，想借此打击一下他的气焰。结果祢衡来是来了，但故意穿了一身破旧的袍子，衣冠不整地在朝廷大门口击鼓，前来早朝的所有大臣全都看到了，有人指责他不尊重基本礼仪，损害朝廷的形象。没想到祢衡听后更加来劲，干脆将衣服脱了，光着膀子击鼓，一面击鼓一面还将曹操及满朝文武都骂了个遍，骂曹操挟持天子，专断朝纲；骂百官助纣为虐，枉为汉臣。

曹操看到祢衡把事情闹大了，真是哭笑不得，心想世上怎么会有这样的人，他这是在故意激怒我，想让我杀了他，他自己落一个忠义美誉,给我扣一个害贤恶名,我可不上这个当。于是曹操吩咐,把祢衡架下去,派几个人护送他去刘表那里当说客,如果能说得刘表前来归降,我仍然给他奖赏。曹操这么做其实是一招"借刀杀人"之计,他想祢衡这么猖狂的文人,去了刘表那里,只要几句话说得不中听,估计刘表就能杀了他,而刘表杀了他,大家总不能把责任怪到我头上吧。

祢衡来到刘表那里,果然出言不逊,几句话说得刘表无名火起。但刘表仔细一想,既然曹操没有杀了此人,而是将他送到我这里来,可见这是借刀杀人之计,我可不上这个当,但祢衡此人实在可恨,干脆我学学曹操,也来个借刀杀人。于是他对祢衡说:"我倒是很想归顺曹丞相,但就是我手下的一员大将黄祖可能不同意,你若能说服黄祖,我这里没有问题。"说完不待祢衡有何反应,立即派人送他去黄祖那里。

祢衡到了黄祖那里,黄祖一开始还很客气,请祢衡喝酒,席间问祢衡:"先生你见多识广,你觉得如今朝廷当中有哪些出色的人物?"祢衡说:"在我看来能算得上人物的只有两个,一个是孔融,另一个是杨修,除此之外,其他人根本不值一提。"黄祖听祢衡的口气极大,心里好奇,就问他:"那么先生你认为我是个怎样的人呢?"祢衡说:"你也就是个酒囊饭袋而已。"黄祖听了大怒,立即就杀了祢衡,消息传到刘表与曹操那里,他们两人都很开心。

虽然祢衡死了，但刘表并未归顺曹操，曹操心想，要不然我亲自率兵去灭了刘表？但荀彧对他说："此时我们最大的敌人是袁绍，目前主力部队在官渡正与袁绍对垒着呢，怎么可以再分兵去打刘表？刘表是个不思进取的家伙，他没有胆量来偷袭我们，只要我们打败了袁绍，抹平刘表那是举手之劳。"曹操听从了荀彧的建议。

自从刘备离开许都之后，国舅董承一直心绪不宁，天子重托于他，而他却没有办法为天子解忧，毕竟曹操手握军权，宫廷中的侍卫全都是曹家的人。而董承虽名为车骑将军，但不掌握军权，身份只相当于一个文臣，他身边所能联系到的人也大多是文臣，文臣除了嘴上能说几句之外，并无实际用处。

时间长了，董承为此患了头痛之症，家人请来太医吉平为他诊治，吉太医水平高超，几服药下去就让董承的病情大为好转，但他见董承时刻眉头紧锁，似乎心怀重忧，导致病情时好时坏，不能彻底痊愈。直到有一天看到董承躺在床上午睡，梦中大呼诛杀曹贼，吉太医这才知道董承的病根所在。董承惊醒后看到吉太医站在床边，知道瞒不过他，于是就向他和盘托出了自己的忧虑。

吉太医说："我虽为医生，但也知国家大义，分得清忠臣与奸臣，既然天子有诏命国舅组织除奸队伍，我愿意加入。"董承一听马上说："太好了，你是太医，平时曹贼生病也是找你去医治，倘若你能帮忙，诛杀曹贼就容易了。"吉平一口答应，他说："国舅你放心吧，诛杀曹贼我义不容辞。"董承说："那好，我已联系了几位同道中人，我们可以商量一下行动细节。"

董承所联络之人有：王子服、吴子兰、种辑、吴硕、马腾等。大家总是议论纷纷，但拿不出一个具体办法，现在既然吉平愿意出马承担刺杀曹操的任务，董承所谋划的事这才有了实施的可能，于是董承偷偷召集这些同道中人一起研究行动细节。没想到的是，曹操早就在他的家里埋伏有耳目，家里的佣人庆童侦知此事后立即前去报告曹操，曹操听后大怒，心想原来还有如此阴险的一个计划在等着我啊，看我如何收拾你们这帮人。

第二天曹操假装头痛之症又犯了，命人传召吉平前来医治，吉平心想，机会来得可真快，于是他做了准备工作，特意为曹操调制了一碗毒药，没想到曹操根本不喝，而是让吉平自己先尝一尝。吉平一看这不对啊，这么说曹操知道我要下毒的事了？现在盛毒药的汤碗就捧在自己手上，此事已没法洗脱，他实在没办法，就干脆上前要给曹操硬灌，曹操旁边的护卫们立即上来将他拿下，曹操正色问他："你一个太医，怎么会掺和到谋杀我的事情中？你的背后是谁在主使？"

吉平是一个硬气之人，眼见事情败了，但他誓死不肯招供，只说是自己一个人想诛杀国贼，与他人无关。曹操命人将他拖下去拷打，但吉平就是不说。但其实吉平说与不说都没啥关系，曹操完全知道反对他的是哪些人，他之所以拷问吉平，无非想要一个更加有力的证据而已。

就算吉平宁死不屈，曹操仍将董承及其家人全部抓了起来，从董承的家中抄出了天子的衣带诏，有此物证，不怕那些反曹人士抵赖。除了马腾与刘备不在许都，其他人都跑不了，等将这些谋逆之人全部抓捕并处斩后，曹操本打算连天子也不放过，干脆废了天子，但荀彧一再规劝，说动谁也别动天子，天子一动国本大乱，对目前与袁绍的官渡之战不利。曹操虽然听了荀彧的建议，但他仍余怒未消，心想即使天子暂时不动，但董贵人不能放过，董贵人此时尚有身孕，但曹操照样命人将她勒死了，然后下令由曹洪掌管禁卫军，将天子严密看管起来。

清除了朝廷内部的反对势力后，曹操比较不放心的还剩马腾、刘表与刘备，是否要乘目前与袁绍尚未正式开战之前先解决几个？程昱对他说，马腾目前在西凉，路途太远，一时打不过去，刘表是个庸碌之人，放一放再说也不要紧。只有刘备近在徐州，且加入了反曹队伍，如果不先把他除了，对我们将来不利。

曹操听了程昱的建议，觉得很有道理，正在犹豫中忽见郭嘉进来，于是就问郭嘉："如果我现在去打刘备，万一袁绍乘我许都空虚前来偷袭怎么办？"郭嘉说："刘备与袁绍是两种不同的人，刘备一心为了天下，其他事情可全然不顾，这种人是最可怕的，我们一定要先去灭了他。而袁绍是一个顾家的人，他会因家庭琐事而不管天下大局，要让他下定决心是件比较困难的事，所以我也建议先去打刘备，不用担心袁绍抄我们的后路。"

所有谋士当中，曹操在军事方面最相信郭嘉的判断，在民政方面最依赖荀彧的决策，既然郭嘉都这么说，那曹操就不再有顾虑了，他立即决定率兵十万，进攻刘备。刘备在徐州得知曹军来攻，赶紧派孙乾去袁绍处求救兵，因为目前也只有袁绍才有能力与曹操抗衡，若没有救兵，刘备也知道自己坚持不了多少日子。

孙乾到了袁绍的驻地后，先去见了他手下的首席大谋士田丰，田丰是袁军当中的灵魂人物，他对天下大势有精准的判断，甚至不少人认为，只要有田丰在，袁绍平定天下应该不难。田丰听完孙乾的通报后，立即意识到这是个绝佳的机会，他想，曹操不顾在官渡前线的对峙而转头去打刘备，此时若我军强攻官渡，曹操首尾不能兼顾，必败无疑。于是他带着孙乾去见袁绍，心想只要袁绍听了他的建议，立即下令进攻，这北方霸主的名分就可以确定下来了。

没想到当田丰与孙乾两人见到袁绍时，袁绍正在发愁呢，看他愁眉苦脸的样子，似乎对一切事情都提不起精神来，田丰向他汇报了孙乾传来的消息，袁绍听后一声不响，田丰说："主公，这是个千载难逢的好机会啊，此时不赶紧发起进攻，一旦等曹操消灭了刘备，再全心全意地来对付我们，那就麻烦了。"

袁绍说："先生你说得对，但我最近遇到些忧心的事，我的小儿子生病了，搞得我茶饭不思，精神恍惚，怎么能专心去打仗呢？"田丰一听，大为不屑，他心里想，我还以为是啥事呢，小孩子病了，那也能影响战术布局？他急忙对袁绍说："主公，小孩子生病又不是什么大事，目前对曹军作战的时机稍纵即逝，现在不抓住，后悔就迟了。"

袁绍叹了口气说："但这个孩子却是我最为喜爱的小儿子啊，自从他生病以来，我就没一天睡踏实过，如果他有个三长两短，我连死的心都有，他的病没好，我就算战胜了曹操，又有何意义？"田丰听后心里凉了半截，他想，这么说我们所有人的身家性命都不如一个小孩子重要，小孩子生病了，我们都要跟着倒霉，但袁绍把话说到这个份上了，田丰自知再据理力争也是无用，只得带着孙乾起身告辞。

看他们要走，袁绍总算对孙乾表示了一下歉意，他说："刘使君将来如有需要，可以过来投靠我，我一定接纳。"出门后，田丰长叹一声，对孙乾说："看来我也帮不了你，我们家主公的意思你都听到了。"孙乾也没办法，人家既然不肯相救，那也无法强逼，只得回去复命吧。

孙乾回到徐州，将袁绍不肯援手之事告诉了刘备，刘备听后顿时心里一阵失落，袁绍不来帮忙，就凭自己如何能打得过曹操？此时张飞出来说话了，他说："我也知道我们与曹军无法抗衡，现在唯一的机会就是乘着曹军初来乍到立足未稳，我们就在今夜前去偷营劫寨，说不定还能有一丝希望，一旦等曹军驻扎稳妥后，再想偷袭就不可能了。"刘备觉得张飞说得有道理，反正打曹操不过，先偷袭他一下也不错。

但曹操是个军事方面的大行家，他虽然不知道刘备会不会趁他立足未稳之时前来偷营劫寨，但这一招毕竟是打仗的常用套路，有经验的人防备一下总是要的，否则曹操就不能算是个合格的军事家了。考虑到刘备手下的兵马不多，如果他不来偷袭则罢，一旦要来，肯定会将所有人全带来，若带的人太少，来也是白来。于是他安排人马，做了几手准备，假如刘备前来劫寨，不但要消灭他，而且还要乘机去夺取他的城池。

当天晚上，果然被曹操料中，刘备与张飞还真的前来劫寨了，他们不来还好，一来就被曹军围了个结结实实。偷袭这种事情，成功的希望在于打对手一个猝不及防，一旦对手有防备，自己反而会陷入被动。刘备与张飞所率的军队陷入曹军的包围后，一阵冲杀将两人打散了。张飞想要逃回去却发现归途已被截断，有军士来报，说徐州、小沛等地相继失陷，他找刘备不到，实在没办法，只得投芒砀山而去。刘备想到孙乾回来时曾说过，袁绍欢迎他在危难时前去投靠，现在就很危难，干脆去投靠袁绍吧。

刘备单人匹马来到了青州，青州守将是袁绍的大儿子袁谭，袁谭见刘备前来，对他还是很客气的，问明情况，赶紧派人将刘备送到冀州他的父亲袁绍那里。袁绍见到刘备后，向他道歉说："前些时候，小儿染疾，没能去救援你，很是抱歉，现在你亲自来了，我一定为你复仇。"刘备此时寄人篱下，也没啥可说的，只得一连声地表示感谢。

曹操打败了刘备与张飞所率兵马，顺利夺下了徐州与小沛，只剩下邳有关羽守卫，未能攻克。荀彧说："关羽保护着刘备的家小，不能独自远离，但下邳城池不大，时间长了一定守不住，如果猛攻就会玉石俱焚。"

曹操说："关羽是一员虎将，我甚为喜爱，不忍心让他死在下邳，有什么办法可以收服他呢？"张辽说："关羽与我往日有旧，我愿意充当说客，前去劝降关羽。"

程昱说："不如先使用计谋，把关羽骗出来困住，然后文远（张辽字文远）再去劝降，效果会好很多。"

曹操一听，认为程昱说得有道理，就问他用什么计谋，程昱把他的想法对大家说了，大家都觉得好，于是就安排下去执行。

曹操先是让从刘备军中俘虏的几位士兵假装是逃出来的，去投靠关羽试图混进下邳城去，然后派夏侯惇去下邳城外邀战。关羽早已得到探报，知道大哥与三弟被曹操打散，若不是自己肩负保护大哥家眷的重任，他早就率兵前去营救了，现在看到大哥手下的士兵逃回来，也没细问就放他们进了下邳城。

第二天夏侯惇前来讨敌骂战，关羽先是不理他，但架不住夏侯惇越骂越凶，关羽也是个血性汉子，那能如此被对方辱骂？一怒之下就率兵出城与夏侯惇交手，打了二十几个回合，夏侯惇且战且退，关羽越战越勇，被夏侯惇引诱出去好远。

突然一声炮响，左有徐晃，右有许褚，两将率军夹击关羽，夏侯惇也拨转马头，加入与关羽战斗的群体，关羽以一敌三，有点招架不住，被迫退守到一座小山岗上。此时他望见远处的下邳城内火起，黑烟弥漫，估计是被曹军占领了，他三番五次想冲下山，却被夏侯惇等三将挡住，困在山上下不来。

正在无可奈何之时，忽见一将单人独骑上山，仔细一看，却是张辽。关羽知道他一定是来当说客的，但见他既一个人又不带刀，也就让他上来了，张辽说："云长（关羽字云长）兄别来无恙，今天这种情况，我是特地来与你商量解决办法的。"

关羽说："大不了一死，还需要商量啥？"

张辽说："死是容易的，但你大哥刘备托付给你的家眷怎么办？"

这是关羽的软肋，他心里放不下的只有这件事，自己之所以缚手缚脚的，就是因为有大哥的家眷在，自己万一死了，大哥的家眷岂非凶多吉少？听张辽如此说，关羽也只好缓和了语气，问他："那你说该怎么办呢？"

张辽说："大丈夫能屈能伸，此时碍于形势，不如暂且归顺曹丞相，等以后知道你大哥的下落后，你们兄弟再行团聚，岂非很好？"

张辽心想，我的任务是来说服关羽归顺丞相，不如先把好听的话全都说完，至于今后怎样那得走着瞧，凡事都会有变化，说不定现在觉得很难的事，以后就不难了。现在在关羽的心里，第一记挂的就是他们三兄弟同生共死的盟约，第二放不下的是大哥托付给自己的家眷，既然有这两个软肋，张辽的说服工作就容易做了。说到后来关羽感觉自己不能死，他一旦死了，以上两条全都付之东流，所以他提出三个条件，说只要曹操答应，他就可以投降。

这时张辽心里所想的是，只要你关羽能够投降，不要说三个条件，就是三百个我都答应你："说吧，哪三个条件？"关羽说："首先我归顺的是朝廷，不是曹操；其次我大哥的家眷要受到特别保护；第三只要得知大哥的下落，我就要立即去相会，曹操不能阻拦。"张辽连想都没想立即就答应了，他说："肯定没问题，我现在就去对丞相说，你在此等我的消息吧。"

张辽下山来到了曹操身边，将关羽的三个条件对曹操说了，曹操说："前两个条件都没有问题，就是这第三个条件，似乎有点不妥，他一听说刘备的消息就要走，那我要他来何用？"张辽在下山时早就想好了答词，等曹操问完，张辽立即答道："关羽之所以常念着刘备，不外乎刘备对他好而已，如果丞相对他比刘备更好，他必定会感动的。何况在这乱世当中，一旦刘备不幸死了，他还能去哪里找大哥？"曹操一听觉得对啊，这两点的确说到了关键所在，完全有这种可能，那么关羽就永远留在这里了，想到这里他也就爽快地答应了。

张辽去跟关羽一说，关羽想来想去，还真是没有别的办法，那就先这么办吧。他下山回到了下邳城，将此事告诉了两位嫂子，两位嫂子都是明白事理的人，她们说："一切托付给叔叔了，请你看着办吧。"于是关羽就投降了曹操，曹操看到关羽来降，大喜过望，待他如上宾，每次集会时都让人给他搬椅子坐在自己身边，这待遇与众不同，算是跟自己平起平坐。

回到许都后，曹操让天子封关羽为"汉寿亭侯"，关羽本来是平民出身，现在一下子成了侯爵，这算是一步登天了，所以他很看重这个名分。平时曹操动不动就设宴款待关羽，可谓是三日一小宴，五日一大宴，又是送美女又是送金银，关羽所需要的一切，不用他开口，曹操全都事先为他准备周全了，他就不信这样感动不了关羽。关羽所保护的两个嫂子，曹操专门为她们安排了独立而私密的住处，下令任何人不得靠近，这点也让关羽十分满意。

第七章

沙场常离别

嫁给事业心太强的男人是可怕的，靠近有生杀大权的人也是可怕的。

成功是有代价的，代价包括家人、朋友与亲戚。大的成功需要放弃一切。

普通人家的媳妇因羡慕别家而抑郁，富贵人家的太太因你死我活而搏杀。

人间最美的心境是历经大起大落、大风大浪后，回到与世无争的状态。

完美的人生需要有不同的体验，什么都经历过了，死也就不怕了。

骨命于天

刘备的两个夫人，一个姓甘，一个姓糜。据说刘备年轻的时候，曾经娶过多个老婆，但他这个人太专注于事业，从来不把老婆当回事，他后来有句名言叫作："兄弟如手足，妻子如衣服，衣服破尚可缝，手足断安可续？"加上前期东奔西走颠沛流离，弄丢了很多女人，直到娶了甘夫人后才被这个女人紧紧盯住，再说这时候的刘备多少有点年纪了，不像以前那样随性，甘夫人也就不离不弃地跟着他。

后来刘备当上了徐州牧，陶谦旧部糜竺将他的妹妹嫁给了刘备。糜竺原本是徐州的富商，后跟随陶谦做官，无论在政治上还是经济上都给了刘备极大的支持，所以刘备也待他不薄。

甘夫人与糜夫人这次来到许都，她们也不怎么害怕。首先她们对自己的老公很了解，在这兵荒马乱的年代，老公丢下她们是家常便饭，而这一次还有叔叔关羽在，已经算非常幸运了，住在这里衣食无缺，曹操对她们极为关照，还经常派他的几位夫人过来联络感情。

这一天曹操的卞夫人特地带了几匹蜀锦过来拜访甘夫人与糜夫人，三位夫人见面后都特别客气，卞夫人说："这几匹蜀锦是皇上赏赐的，据说采用蜀中特有的蚕丝所绣，制成衣服后，穿在身上有一种宜人的芳香，我特地拿来赠送给两位夫人。"

甘夫人道："感谢卞夫人的厚爱，我等久于凡朴，从未见过如此昂贵的衣料。"

糜夫人说："卞夫人您雍容华贵，才配得起皇上赐予的圣物，但既蒙夫人馈赠，我们就珍藏着吧。"

卞夫人道："不要客气，我们姐妹不分彼此。"

甘夫人道："这次来到许都，感觉是一种大城市的风貌，让我开了眼界。"

卞夫人说："两位夫人若是有空，我带你们出去走走？"

糜夫人说："我等但凭姐姐安排。"

卞夫人道："来人啊，备轿，我带两位夫人出门走走。"

于是三位夫人一起坐着轿子上街了,来到大街上,但见许都商业繁华,路上人流不息,两边的商铺买卖兴隆,路边还有拉琴唱曲的,测字算命的,练武玩杂耍的,的确与其他城镇不同。

甘夫人心想,自己这一生,跟着丈夫走南闯北,每天过的都是提心吊胆的日子,哪曾享受过如此尊荣安定的生活?这段时间住在许都,虽然与丈夫离别,但日子却过得逍遥安乐,每日里不愁吃穿,偶尔还能出来这么转转,这才是每个女人都想过的安稳日子啊,若是有丈夫在身边,平日里不用打仗,不用争权夺利,那该多好啊。

糜夫人也在想,自己的哥哥虽是徐州的大商人,家里也有不少钱,但这次来到许都,感觉自己以往的生活与曹府如今的排场大不相同,普通的富裕人家绝对没有曹府的权力光环。自从嫁给刘备后,本以为能过一种平安喜乐的生活,至少比以前略好一点吧?但没想到的是,刘备此人的使命感太强,总是以天下为己任,结果却搞得全家老小过不上正常日子。

卞夫人心想,夫君让我来笼络刘备的两位夫人,还好这两位夫人都很容易相处。想着想着,三位夫人来到了一个高级的茶馆门口,掌柜的听说是曹丞相的夫人到了, 立即在二楼安排了一个特别的包厢,门外守卫森严。

卞夫人请刘备的两位夫人在宾客的位置上坐定,然后叫来了茶水点心,边吃边聊。卞夫人说:"我们许都的特色茶点在别处是吃不到的,比如这蟹黄酥、绿茶糕、鹅油卷、七宝盅、酸梅羹都是很好吃的,你们尝尝。"

糜夫人说:"我哥哥以前为了做生意而走南闯北,去过不少地方,回家时经常会带一些各地的特产给家人吃,但如此精美的点心,我却从来没有见过。"

甘夫人对这一类十分讲究的点心更加没有吃过,她平时在家很是节俭,一般也就吃些平常饮食,这次既然卞夫人请客,也就尝尝新鲜。

甘夫人说:"听说丞相一直都很忙,平时几乎不在家,家里的一大堆事都需要卞夫人您来掌管,这很不容易啊。"

卞夫人说:"男人嘛都有他自己的事业,孟德(曹操字孟德)与你家刘皇叔一样,都是想做一些事情的人,家里的安宁是对他们最大的支持。"

糜夫人说:"我家夫君不在家时,就我们姐妹俩守着,我们姐妹情同手足,平时在一起闲聊也很有意思。"

卞夫人说:"刘皇叔的事业暂时还未做大,所以还不曾有个安稳的根据地,到将来一旦稳定了,你们身边也会增加许多其他女人,到那时才需要经营与管理。"

甘夫人说:"我也听说管理一个大家庭是需要技巧的,在这方面卞夫人您是高手,我今天很想从您这里学一些经验。"

糜夫人说:"对啊,曹丞相府里,夫人众多,各成派系,请问卞夫人是如何做到让大家相安无事的呢?"

卞夫人说:"相安无事关键在于我这个当老大的要以身作则,我的行为要能服众。比如说我对名利首先不争不抢,处理家事做到公平公正,不介入任何是非。时间久了,大家自然会觉得我是最值得信任的。"

糜夫人问:"难道你不希望你的儿子将来能继承丞相的大位吗?"

卞夫人说:"孩子们将来是否有出息,靠的是他们平时的努力,只要比旁人多付出努力,成功机会就一定更多。"

甘夫人说:"据说在大家族里,有时候你不去害别人,别人也有可能来害你。"

卞夫人答:"我们虽然不害别人,但也要严密防范别人害我们。总之,教会孩子们熟知人情世故是很有效的方法。"

糜夫人问："听说在曹府中，您生的几个孩子都非常出色，而那些本来有可能成为竞争对手的孩子却都意外夭折了？"

卞夫人说："谋事在人，成事在天。尽人事而听天命。古人常说这两句话，意思就是我们能做的只有努力提高自己，而事情最终会怎样发展，这得仰仗天意，非人力可为。"

甘夫人说："您的儿子曹植，诗词文章华冠天下，我们在徐州时，也常常传阅他的作品，他的不少佳作，我都能背下来，比如这首，公子敬爱客，终宴不知疲。清夜游西园，飞盖相追随。明月澄清景，列宿正参差。秋兰被长坂，朱华冒绿池。潜鱼跃清波，好鸟鸣高枝。神飙接丹毂，轻辇随风移。飘飘放志意，千秋长若斯。"

卞夫人说："作为大家族的公子，很重要的一点就是要广结善缘，交那些对自己有用的朋友，多个朋友多条路，无论在什么时候，这都是安身立命的基础。"

甘夫人说："我也觉得一个男人是否能成功，关键是看他受不受众人的拥戴，我家夫君无论做什么都首先想到广大群众的利益，他的仁德美名播于天下，这也是他积极向上的地方。"

卞夫人说:"孟德也总是私下里夸奖刘皇叔,说天下诸侯唯有他与皇叔两人堪称英雄,皇叔虽然目前尚无根基,但却比其他那些胸无大志的诸侯强胜百倍。"

糜夫人说:"卞夫人您在教育儿子方面真的比一般人强,刚才说您的三儿子曹植文才了得,但您的大儿子曹丕却更加厉害,他文武双全,我记得曹丕公子有一首诗是这么写的,秋风萧瑟天气凉,草木摇落露为霜,群燕辞归鹄南翔。念君客游思断肠,慊慊思归恋故乡,君何淹留寄他方?贱妾茕茕守空房,忧来思君不敢忘,不觉泪下沾衣裳。援琴鸣弦发清商,短歌微吟不能长。明月皎皎照我床,星汉西流夜未央。牵牛织女遥相望,尔独何辜限河梁。很难想象,以曹丕公子的英雄气概,竟然能写出情感如此婉约的诗句。"

卞夫人说:"子桓(曹丕字子桓)虽然看起来很雄健,但他的内心仍是十分细致的,他有着极为丰富的情感,也善于观察周围人的情绪,所以他能写出这样有思想深度的诗词来。"

糜夫人说:"连年的战争,给天下百姓带来多少灾难,多少难民流离失所,多少父母失去了孩子,多少妻子失去了丈夫,虽然世人都盼望太平,但太平却迟迟不曾到来。"

卞夫人说:"孟德之所以率兵起事,就是要匡扶汉室,平定天下,尽快让百姓们都过上太平的日子,你家刘皇叔也是一样,这世道就是靠他们男人在支撑着。"

甘夫人说:"有思想与情感的男人才是真正的男人,我听说曹丞相也是一个不世出的奇男子,他不但懂政治与军事,而且还是个大诗人,曹丞相的诗,我是极为欣赏的,比如这首,天地间,人为贵。立君牧民,为之轨则。车辙马迹,经纬四极。黜陟幽明,黎庶繁息。於铄贤圣,总统邦域。封建五爵,井田刑狱。有燔丹书,无普赦赎。皋陶甫侯,何有失职?嗟哉后世,改制易律。劳民为君,役赋其力。舜漆食器,畔者十国,不及唐尧,采椽不斫。世叹伯夷,欲以厉俗。侈恶之大,俭为共德。许由推让,岂有讼曲?兼爱尚同,疏者为戚。"

卞夫人说:"孟德年轻时就志向高远,他所做的事总是着眼于天下大局,如今的汉室江山分崩离析,各路诸侯拥兵自重,如果他不亲自维护,很难有谁会出来重振王纲。"

甘夫人说:"以曹丞相之能,天下安定无须多日,我等即可坐享太平。"

糜夫人说:"到那个时候,我们的孩子之间也可以经常走动,多多交流。"

三位夫人说说笑笑,共同度过了一个美好的下午,最后卞夫人将刘备的两位夫人送回住所,双方相约下次再聚。

曹操自从获得关羽这个人之后，一门心思在想如何才能获得他的心。他平生最爱的，一是美人，二是英雄，既然认定关羽是个英雄，而且赤胆忠心义薄云天，像这样的人，无论如何不能放过。他想，刘备之所以能让关羽倾心，不外乎是对他好，我曹操照样也能对他好啊，刘备能给的我都能给，刘备不能给的，我也能给。

关羽在曹操这里，什么事都不需要干，但官职却不断被提升，赏赐也少不了他的份。在任何场合，曹操总是像对待兄弟一样对待他，对他的关心程度甚至细致到如何养护他的胡子。关羽留着长长的美髯，曹操特地为他制作了护须锦囊，用来保护他的胡子不受损害。

这一日曹操又设家宴请关羽喝酒，两人说起各自的心中设想，曹操说："男子汉大丈夫生于天地之间，需上报天子之恩，下顾兄弟之情，你我兄弟在这乱世中情同手足，我们要携手匡扶汉室，在有生之年做成一番事业。"

关羽说："关某感谢丞相厚恩，最近几日思前想后，若非事先对我兄长刘皇叔有所承诺，关某必定跟随丞相至死不渝。"

曹操说："兄弟你为人忠义令人钦佩，我最看重的也是这一点。现今天下大乱，很多事情难以预料，目前的局势，兄弟你是怎么看的？"

关羽说:"丞相目前的敌人,北有袁绍,南有刘表,西有马腾,东有孙策,相比之下,袁绍的威胁最为紧迫。"

曹操说:"对啊,我军最近在官渡正与袁军对垒,照我的预计,与袁绍的这一战不可避免,如何才能战胜袁绍?我想听听兄弟你的建议。"

关羽说:"据说袁绍手下的文臣武将多如牛毛,但最顶尖的也就是那么几个。如果袁绍能集中顶尖谋士的智慧,那他真可以战无不胜,只不过我听说袁绍此人耳根子软,给他建议的人多了,他反而难下决断。"

曹操说:"那么你认为在袁绍的手下,哪几位谋士与武将才是最厉害的角色?"

关羽说:"我自己作为一名武将,肯定对武将方面比较关注。据说在袁绍手下有两大天威神将,一个是颜良,一个是文丑,此二人都有万夫不当之勇,有他们在,袁绍几乎就无敌了。"

曹操说:"这两人我也听说过,的确是数一数二的厉害角色,若要彻底击败袁绍,必须首先除掉这两个人。"

酒席结束后,曹操拉着关羽的手,将他带到了院子当中,关羽心想,曹操这是对我真好，我从未见过他拉其他将领的手一起散步的。来到院中空旷处，曹操对关羽说："云长，无论怎样，你是我这辈子最欣赏的男人，我有一样东西要送给你。"

关羽忙道："丞相已经送给我太多的礼物了，金银美女样样不缺，我无功不受禄，怎能再贪得无厌？"

曹操说："兄弟啊，你我今后就是一家人，咱们不分彼此，以前送你的那些根本不算什么，今天我要送你一个大家伙。"

关羽心想，什么大家伙？我也是见过世面的，什么东西才能让曹操以大家伙相称？

正想着，只听一声清脆激越的马嘶划破长空，曹操的侍从打后门外牵进一匹枣红色的高头大马，只见此马顾盼生辉、神骏非凡，关羽一看就认出，这是吕布的赤兔马。曹操笑着对关羽说："云长，此马你觉得怎样？"

关羽说："这是吕布的那匹赤兔马吧，此马冠绝天下，让多少人梦寐以求。"

曹操说："今天我就将此马赠送给你。"

关羽一听，立即拜谢，声称："感谢丞相厚赐。"

曹操吃了一惊，心想我送给关羽多少财物了，也没见他如何看重，怎么见到此马却行这般大礼？

其实曹操不知道，一匹好的战马对武将来说至关重要，武将上阵杀敌，一半依靠的是胯下之马。马匹好不好，直接关系到生死，关羽获得这匹赤兔马，他的武力可以提升一倍。关羽谢过曹操之后，立即要求骑上这匹马出去试试，赤兔马在关羽的驾驭下犹如飞龙在天，纵横如意。

此后的每一天，关羽都骑着赤兔马在校军场中练习各种战斗技巧，越练越有味道，他突然发现了吕布当年无敌于天下的一个大秘密。原来这匹赤兔马具有一种其他战马所没有的特殊能力，它能瞬间加速。比如一匹马正常在跑或者冲刺，有经验的对手都能准确预估它的速度，从而提前做好战斗准备，但此马在正常的速度之外还能短时间猛然提高速度，这个加速度其快无比，恰如迅雷不及掩耳，关羽一开始还不适应，反复操练了无数次才逐步掌握了这门技巧。

曹操将赤兔马赠送给关羽，此事在曹营中引起巨大反响，因为这匹马太有名了，它是马中之冠，大家都求之不得，现在竟然送给了关羽，所有武将人人羡慕。大家心里都在想，关羽接受了这份厚礼，如果没有像样的回报那就太说不过去了。

这一天关羽正在校军场中练习武艺，许褚走了过来，许褚算是曹营当中第一流的武将，他看关羽在独自练武，看着看着就有点手痒，于是上前对关羽说："云长兄，我一直仰慕你的武艺，今天我们俩切磋一下你看可否？"关羽对许褚也很敬佩，看他愿意与自己切磋武艺，当然十分欢喜，立即就同意了。于是许褚拿出自己的映日火云刀，骑上狮鬃黄骠马在校军场上与关羽一试高下。

大家看到许褚要与关羽比武，顿时轰动开了，所有人都涌来观摩。关羽手持青龙偃月刀，胯下赤兔马，胸前长髯随风飘动，摆出迎战姿态。许褚全神贯注，提刀跃马，一声虎啸与关羽战在一处。但见两匹战马来回打着盘旋，两人刀影纵横你来我往相持不下。从刀法上来说，大家半斤八两，双方都无法在招数上胜过对方，接下去就是拼耐力，许褚是个大力士，关羽的爆发力也十分惊人，两人战了一百多个回合不分胜负，最后许褚拨马跳开，大叫一声："云长兄，不打了，大家扯平吧。"关羽也立即收刀，抱拳拱手对许褚说："多谢仲康（许褚字仲康）相让。"

旁边围观的人群中爆发出一阵喝彩声，大家见识了两位将军的神勇，无不衷心佩服。此时徐晃也在围观的人群中，他看到关羽的勇猛，十分佩服，于是走出来对关羽说："云长兄，我对你的武艺由衷钦佩，你与仲康打了一百多回合不分胜负，我自知不是你的对手，但今天乘着大家兴致都高，我也向你讨教几招可否？"

关羽说："公明（徐晃字公明）你客气了，我们只是切磋武艺而已，仲康他让着我呢，我的确还未尽兴，就请公明陪我再练几招吧。"徐晃对关羽一直相当推崇，今天有机会与关羽切磋几招对他来说更是畅意胸怀，于是提起他的鎏金大斧，跨上黑龙马，来与关羽比试武功。

徐晃虽是一员儒将，平时喜欢阅读兵书战策，但打起仗来却也是勇猛异常。在战将当中善于使大斧的往往力大惊人，只见徐晃手舞大斧上下翻飞，犹如一团黄光在不停旋转。关羽的青龙偃月刀虽然也是重型兵器，但却尽量不与他的大斧硬接，两人打马交错往复，刀光斧影你砍我架，又战了五十多个回合不分胜负。

徐晃越战越心惊，他想这关羽刚跟许褚打了一百多回合，竟然还能与我再战五十多回合，潜力深不可测啊，再打下去也就无趣了，于是主动跳出战团，大叫一声："云长兄且住，不打了，你实在太厉害了。"关羽立即就收了手，他看徐晃与自己对战五十多回合后，面不改色气不喘，犹如没事人一般，看来他也是留有余力，于是赶紧拱手客气了一番，双方互道敬仰。

曹操得知关羽力战许褚与徐晃浑若无事后，对关羽的武功更是倾心不已，每日里就在想如何才能让关羽不要离他而去。想来想去，唯一的方法就是让刘备去死,而且还不能是自己杀死的,然后去给刘备报仇,这样关羽才有可能留在自己身边。想到这里,他赶紧派出大量的哨探去秘密查访刘备的下落。

这一日有探马来报,说袁绍起兵进攻官渡了,袁军的先锋是大将颜良,而且据说刘备现在就在袁绍的营中。曹操一听这话,赶紧对周围的人说,大家务须保密,刘备的下落千万不可让关羽知道。既然袁军已经进攻官渡,曹操不得不去迎战,但不想带关羽一起去,生怕他知道刘备下落后离开自己,于是就以保护刘备的两位夫人为由,让关羽留在许都,自己带着众将前往官渡迎战颜良。

曹操率军来到官渡附近一处名叫白马的地方,就遇到了颜良所率的袁绍大军,曹操让军队驻扎在一个土坡之上,远远看见对面的袁军已经列好阵势。但见袁军旗帜鲜明,声势浩大,阵前一员金盔金甲的大将手提三棱鬼头刀,驭马驰骋,耀武扬威,旁边人对曹操说,此将就是颜良,他乃袁绍手下的第一猛将。

曹操环顾左右,问道:"谁敢去对战颜良?"吕布以前的手下大将宋宪上前答道:"末将愿往。"不待曹操答话,宋宪挺枪跃马,直取颜良。颜良见曹操军中一员大将冲了过来,立即舞刀来迎,两将仅对战三个回合,颜良一刀将宋宪斩于马下。曹操阵中众将一片惊呼,这时只见曹营又一员大将挥刀杀出,大家一看此人是宋宪的好朋友魏续,魏续大呼:"誓为兄弟报仇!"与颜良对战,不出五个回合,又被颜良斩于马下。

此时曹操营中的众将坐不住了，只听一声虎吼，又是一员猛将杀了出去，大家一看，这次竟然是徐晃。只见徐晃挥舞他那把出了名的巨斧力战颜良，两人打了二十个回合，颜良越战越勇，而徐晃竟然左支右绌，眼看就要招架不住，又打了几个回合，徐晃拨马收斧，败回了本阵。这下子整个曹营都炸锅了，徐晃的武功大家很清楚，如果连他都打不过颜良，那其他人就真不敢贸然上前了。

打仗的规矩大家都懂，在这种众目睽睽的阵前，主帅曹操就亲自盯着，任谁都不敢轻易认输，像徐晃这种已经是第三个上阵试图通过车轮战捡便宜的情况，若非实在撑不住，哪能二十几个回合就败回本阵？颜良如果能如此轻松打败徐晃，与徐晃武功相差不大的许褚、夏侯惇、张辽等将都不敢轻易出阵了，而水平略差一点的于禁、李典、乐进等人更开始有点心虚了。曹操也暗暗称奇，心想这颜良的武功还真不是吹的，看来今天未必有把握赢他，不如先鸣金收兵，回去商量一下对策再说。

回到营寨中，曹操有点闷闷不乐，心想与袁绍较量，第一仗似乎就不顺利，袁绍手下有能人啊，颜良竟然如此厉害。而我这里一旦许褚再出师不利，那就麻烦了，看来明天还得车轮战，不打败颜良，哪里还谈得上以后的作战？听说在袁绍手下还有一个与颜良同等级别的大将文丑，颜良的能耐我们看到了，文丑估计也不含糊，这事情看来有点难办。

这时程昱走上来对曹操说："我有一个办法，可以战胜颜良。"曹操一听大喜，立即问："什么办法？"

程昱答："我们让关羽前来对付颜良，一定可以战胜他。"

曹操说："哎，我何尝不知关羽能胜过颜良，只是怕他赢得此功后会离我而去。"

程昱说："主公你想，现在刘备就在袁绍营中，一旦关羽杀了颜良，袁绍盛怒之下说不定就会怪罪刘备，若刘备被袁绍所杀，我们去为刘备报仇，关羽能不尽心竭力吗？只要没了刘备，关羽还能去哪里？"曹操一听觉得对啊，程昱这个主意十分高明，可谓是一举三得，既除了刘备，还收了关羽，最后灭了袁绍，真要是能这样的话，那就太完美了，想到这里曹操立即派人去许都请出关羽。

关羽来到白马阵前，曹操亲自向他介绍了当下的情况，曹操指着对面正在邀战的颜良说："云长啊，这颜良可了不得，有当年吕布之勇，我这里与他对战不利，连损几员大将，不得已才请你过来看看。"曹操这话一说，旁边的众将领听着脸上有点挂不住，但颜良的厉害大家都亲眼目睹，的确谁也不敢贸然上阵，万一打不赢就毁了一世名声。现在关羽来了，那就看他的吧，他若能胜，大家服气，他若胜不了，估计也难以交代。

关羽看了颜良的阵势后立即对曹操说："丞相且放宽心，待我去会一会颜良。"说完提刀上马直奔颜良而去，颜良远远看到从曹营中跑出一位红脸大汉，此人是谁他并不认识，但料想也不是什么大不了的对手，他举刀摆出了迎战的架势，大声喝道："来将通名再战！"

而关羽在出战之前早就想好了取胜之道，这是他第一次当着曹操及曹营众将的面出战，不但要打胜而且还要胜得漂亮，若是拖泥带水搞一个惨胜那也是丢了自己的面子。所以他冲过来时一直让赤兔马保持匀速，这样颜良就能清楚地估算出他的前进速度并据此调整自己的准备时间。直到赤兔马接近颜良之时，关羽突然提缰，让赤兔马爆发出瞬间加速度，只见一道闪电劈向颜良，颜良万没想到敌将会发动突袭，还没反应过来，就被关羽一刀斩于马下。

关羽斩杀颜良后，割下他的脑袋，也不恋战，迅速拨转马头回归本阵，这一连串动作看得双方众将都不明所以，人人张大了嘴巴合不拢，心想这么牛的颜良就如此简单地被杀死了？曹操也瞪大了双眼，以敬神一般的眼光看着关羽，曹营诸位将领无人不服，许褚与徐晃心想，看来前些日子关羽与我们比武那是在让着我们呢，就这武功只怕连吕布都不如他啊。

过了好一阵子，曹操才缓过神来，他立即指挥曹军冲杀过去，袁军因失去了主将颜良，一下子群龙无首，被曹军打得落花流水，败军逃回了袁绍的大寨。袁绍听说颜良被杀，大吃一惊，急问是怎么回事，有人向他汇报，说是一员红脸长须的大汉斩杀了颜良，袁绍身边的谋士沮授说："此人肯定就是刘备的二弟关羽。"袁绍一听大怒，心想原来刘备是埋伏在我营中的奸细啊，还让他的二弟杀我爱将，立即令人将刘备推出去杀了。

刘备却不慌不忙地对袁绍说："天下红脸长须的大汉多了，何以见得此人就是关羽？若真要是关羽，我让他来归顺明公您岂不更好？"袁绍一听觉得有理，于是就放了刘备。此时帐下有一员大将上来请战，只见他狮头熊背，不怒自威，此人正是文丑。

文丑说："颜良是我的兄弟，我要去为他报仇雪恨。"袁绍说："可以，能打败颜良的人武功一定极高，除了你还真没有其他人能对付了，但你千万小心行事。"文丑说："主公你放心吧，我一定活捉那个红脸大汉，打败曹军。"于是袁绍就命文丑率军前去阻击曹军，同时让刘备跟着一起去，看那红脸汉子究竟是不是关羽，如果是就把他招过来归顺自己。

曹操得知文丑率军前来为颜良报仇，有了前次的教训，他对文丑也不敢轻视，与手下谋士几经商量后，打算运用计谋，以智取胜。曹操令人将押运军粮的车队放到前面去，真正的战斗部队跟在最后面。

文丑率军赶到后，一打照面竟然发现是曹军的粮草部队，文丑大喜，赶紧命人将曹军的粮草劫了。曹军见敌人来袭，迅速丢弃了粮草，四散奔逃。袁军将曹军的粮草都抢了过来，既然抢过来了，总得看管吧，于是袁军成了运粮部队。再往前进攻，又遇到了曹军的辎重部队，曹军见敌人杀到，丢下辎重四散奔逃，袁军又抢到了曹军的大批辎重物资。文丑心想，这次出击的收获可真大，不但抢了粮草，竟然还抢了辎重，但现在袁军既成了运粮部队又成了辎重部队，这仗还怎么打？

这时曹军真正的战斗部队杀过来了，袁军又要照顾抢来的粮草辎重，又要与曹军对战，一时手忙脚乱。好在文丑武功卓绝，真的是万夫不当，在曹军中来回冲杀，如入无人之境。这时张辽与徐晃两员大将一起上前与文丑厮杀，文丑以一敌二照样不落下风。打了五十几个回合，张辽与徐晃两人敌不过文丑，只得拨马败退回来，文丑在后面紧追。

突然眼前一员红脸大汉挡住了去路，文丑料想这应该就是那个杀死颜良的人了，此人不可轻敌，今天已与张辽徐晃交战多时，力气有点接不上，不如先撤回本阵，待明日再战。他估计了一下红脸大汉与自己之间的距离，下令收兵回营，自己随后准备缓缓退去。但正在此时，没想到的事情又发生了，只见一道红光像闪电般掠过，文丑根本没看清楚究竟怎么了，他本能地提起铁枪打算挡架，但突然头颈一凉，顿时魂飞天外。

曹操看到关羽又一次大展神威，斩杀了文丑，立即命令军队发起进攻，袁军失去了主将，顿时被打得丢盔弃甲狼狈而逃，本来抢到手的军粮与辎重又全部交还给了曹军。刘备远远地在后面看到曹军阵中一员大将横冲直撞犹如天神下凡，他背后有一面大旗，上书："汉寿亭侯关"，正是自己的二弟关云长。

有人将文丑被杀的消息报给了袁绍，袁绍一听几乎晕倒，颜良文丑是他手下最为得力的两员大将，其作用堪称擎天柱，而现在两根擎天柱一起倒塌，这个损失太大了，大得让他难以承受。而且这次是千真万确看清楚了，杀颜良文丑的人就是关羽。袁绍心想，这个关羽想当年在十八路诸侯伐董卓时我还见到过，感觉那时的他似乎也没如此强大，几年不见这武功增长迅速啊，连颜良文丑都被他轻松干掉，这岂不是无敌了？赶紧让刘备去把他招过来，若能得到关羽，才能弥补颜良文丑的损失。

此时的袁绍无力继续战斗了，他要平复一下颜良文丑接连被杀所带来的震动。既然袁绍不再主动出击，曹操也就按兵不动了，别看袁绍损失了两员大将，毕竟实力还在，仍然比曹军强大太多。

曹操留下主力部队由曹仁率领与袁军对峙，自己率领众将回到许都,曹操在许都为关羽召开大型庆功会,祝贺关羽旗开得胜,为曹军立下首功,曹营诸将对关羽无不佩服。

曹操回到自己的府中,卞夫人赶紧让他沐浴更衣,换上舒服的家居服,然后亲自下厨为他做菜。曹操有些时候没有这么放松了,今天心情特别好,就与卞夫人多聊了几句,曹操说:"夫人啊,我一直以为袁绍不可战胜,但今天看来根本不是那么回事。"

卞夫人说:"听说关羽在阵前连斩袁绍的两员大将,吓破敌胆,可有这回事?"

曹操说:"当然有啊,颜良与文丑是袁绍营中的两根顶梁柱,关羽一下子就把他们全砍倒了,我看袁绍手中还有谁可以拿出来。"

卞夫人说:"打仗不光靠武将,谋士的力量只怕更大,据说袁绍手下的谋士可多了,你千万不要轻视他。"

曹操说:"谋士多是个优势,但袁绍也得善于采纳正确意见啊。袁绍此人,多谋而寡断,意见多了他反而难以取舍,所以不足为虑。"

卞夫人说:"打仗的事我是不懂,趁你这次有空,多教教几个儿子吧。"

曹操说："对了，最近子桓、子文、子建都怎样了？叫孩子们过来，我要考考他们。"

曹丕字子桓，曹彰字子文，曹植字子建，他们三位目前是曹操身边最有出息的儿子，相对来说年纪也大一些，马上就可以出来做些事情了，曹操对他们很是看重。

三个儿子来到曹操面前施礼，曹操问道："为父最近在与袁绍作战，这次战役非常重要，你们对战局有没有关心？大家都说一说，接下去我们该怎么打？"

曹丕首先答话，他说："与袁绍这样庞大的势力作战，首先是要能守，就是要先稳固自己的地盘，自己稳固了，才能寻找对方的可乘之机。"

曹操说："子桓说得很对，打仗不能硬来，不是说你想打就能随时打的，必须要寻找敌方的可乘之机，首先保证自己的稳定，然后创造对方的不稳定，一旦机会来了，就立即出击。"

曹彰说："打仗打的是勇气，狭路相逢勇者胜，为将者首先要在气势上压过对方，然后采用合适的谋略，出其不意，攻其不备，这样就能打赢战争。"

曹植说："在战争过程中，军队的士气也很重要，有很多军队之所以被打败都是因为士气低落，士兵们无心恋战，所以积极做好励军工作是取胜的关键因素。"

曹操说："军马未动，粮草先行。打仗在很大程度上打的是粮草，十多万士兵带出去，每天的消耗都十分巨大，一旦粮草跟不上，这个仗就没法打了。"

曹丕说："还有后方的安定也很重要，很多次父亲放弃极好的作战形势返回许都就是因为后方出现了问题，后方的不安定因素往往会影响前方战局的胜负。"

曹操说："所以我希望你们多跟荀彧学学，他是安定后方、保障军需的大行家，你们能学到他的本领，今后治理天下就有点希望了。"

关羽回到自己的住处后，首先去看望两位嫂嫂，两位嫂嫂所问的第一句话肯定又是有否打听到刘备的下落。关羽说自己一直在打听，只是还没有打听到确切的消息，一旦有了消息，肯定第一时间告诉两位嫂嫂。

第八章

官渡战与降

人生路上有各种选择，选择是对是错，最终看结果对自己对国家是否有利。

教科书上所写的历史人物，大多是片面的，当历史人物遭遇不公时，必有他自身的原因。

世界上没有完人，所谓完人都是经过反复修饰后伪造出来的，有缺点与不足，那才是真实的你。

在战争中，一个著名人物的死，会引起轰动，但大批无名士卒的死，根本没人知道。

与众不同的人需要有标签或者外号，标签或者外号越明显，越能让他人记忆深刻。

这一天，曹操在丞相府接到探马来报，说在汝南又出现了黄巾军作乱，当地官府镇压不住，派人前来求救。曹操心想，这黄巾军虽然只是农民自发组织的暴动，但若是没人管也会酿成灾祸，由于对方都是乌合之众，没有什么战斗力，只需官军一到，对手必定瓦解，所以随便找人去镇压一下就行。

他环顾左右准备问哪位将军愿意前往，却见关羽出来主动请缨，曹操说："云长，你已经立有大功了，这些镇压农民起义的小事就不麻烦你了吧，还是在许都多休息为好。"

关羽说："丞相，我感觉自己就像那匹赤兔马，需要经常出去跑跑，总是赋闲在家会发霉的。"曹操听他说话幽默，不觉哈哈一笑，说道："那行吧，就当作出去散心。"于是任命关羽为主将，于禁、乐进为副将，率领五万兵马前去汝南平叛。

关羽率军来到汝南,扎下营寨后,让于禁与乐进各率一支人马一左一右与自己形成掎角之势。当天晚上,有守寨的士兵来报,说抓到一个探子,但此人一定要面见将军,说有重要事情通报,关羽一听觉得好奇,就让人将探子带进来。进来后一看,竟然是孙乾,关羽大吃一惊,赶紧起来让座,问孙乾:"先生您这是从何而来?"

孙乾说:"关将军,我是从刘皇叔那里来的,刘皇叔目前在袁绍的营寨中,那天他在阵上看见将军了,特地命我前来与你接洽。"关羽这才获知了大哥刘备的消息,他告诉孙乾:"两位嫂嫂目前安好,既然知道了大哥的下落,等我这次完成任务回去,就向曹操辞行,带着两位嫂嫂前去投奔。"

第二天关羽率军前去平叛,汝南的黄巾军看到官军来了,根本无心恋战,他们本就是未经训练的乌合之众,官军不在时聚众暴乱,官军一到立即作鸟兽散,关羽很容易就平定了汝南的叛乱,率领得胜之师返回许都。

曹操在关羽的军中安排有多名耳目,关羽在汝南见到孙乾之事早有人向曹操汇报了,曹操心想关羽既然得知了他大哥刘备的下落,必定要来向我辞行,干脆我来个闭门不见。关羽回到自己的住处,将打听到大哥下落的事情对两位嫂嫂说了,两位嫂嫂立即就要求关羽带她们去投奔刘备,关羽心想这件事情虽然事先与曹操有过约定,但毕竟曹操对自己非常好,事到临头如何开口辞行也很令人为难。

曹操躲在府里也在想，关羽会来向自己辞行吗？他一旦要走，我该如何挽留呢？想来想去，心里总是不踏实，于是他把张辽叫来，让他去探听一下关羽的口风。张辽听说关羽有离开的意思，心里也很难过，最近一段时间，自己与关羽相处得很愉快。关羽为人豪爽仗义，曹营当中很多人都喜欢他，一旦他要是走了，从此变成了对手，今后若在战场上相见该怎么办？

他接到曹操的命令后，心里七上八下地来到了关羽的住处，进门后首先向关羽表示祝贺，恭喜他终于得到了大哥刘备的消息。关羽看张辽前来，心里也知道是为了什么，但此事终究要有个了断。他对张辽说："文远，你说我该怎么办？丞相对我有天高地厚之恩，但大哥与我有生死盟约，我终不能背信弃义留在曹营而置大哥于不顾。"

张辽说："今日之情景我们早就有所预料，我当然愿意你继续留在曹营，但也说不出让你离开你大哥的话，所以甚感无奈。"两人默默地坐下，经过与关羽的一席长谈，到最后张辽彻底明白，关羽虽然对丞相的厚恩深为感念，但他仍然放不下兄弟之情。

曹操听了张辽的汇报后沉默不语，他一时也想不出挽留关羽的方法，许褚对曹操说："要不我们强行留下关羽？"曹操觉得不妥，首先他非常喜爱关羽，绝不想伤害他，加上曾经亲口答应过他提出的三个条件,如果公然反悔似乎也不行。

曹操就这么在自己的府里待了好多天,为了躲避关羽,连丞相府也不去了,有啥事情都来他的家里向他汇报,但就这般躲着,该来的事情还是会来。先是连续有人来报,说关羽每天都上门求见,曹操只能以各种理由婉拒,他在府里召集了多位谋士,大家一起想办法挽留关羽。

但是该给的爵位、待遇、礼物全都给了,但还是留他不住,去把刘备干掉又不能自己动手,靠别人杀死刘备也没那么容易,办法想来想去就是没一个可行的。

终于有一天,有人来报,说关羽挂印封金,带着两位嫂嫂去了,曹操大失所望,但又无可奈何,心里残存的一丝希望是,关羽没有丞相府的官凭路引,如何能通过重重关卡去袁绍那里找刘备?一旦他走不脱,是否还能回来?但接下来的情况并不如曹操所预想的那样,不断有消息传来,说关羽过五关斩六将,一路绝尘而去,最终与他的大哥及三弟相会。

曹操听完过程,心里连声骂那些守关的将领,一个个都觉得自己比关羽聪明,总希望能活擒关羽前来请功,简直是不知天高地厚。任何一个守关将领只需闭关不纳,关羽随行能带多少干粮?只需几天时间他就得被困,现在眼看关羽已经离去,曹操虽然心痛但也无法可施。

过不了几天，曹操在许都又得到探报，说江东的小霸王孙策死了，曹操一听大喜，连忙问："孙策死了？为什么而死？"因为就在曹操与袁绍官渡对峙之初，就传说孙策率兵平定了江东。本来曹操对南方局势的考量，仅仅是顾虑一个刘表而已，没想到孙策竟然横空出世。孙策的父亲是有"江东猛虎"之称的孙坚，早在十八路诸侯伐董卓时，曹操与孙坚还共过事，在曹操看来，十八路诸侯当中唯有孙坚最为勇猛，但孙坚很快就被刘表手下的部将黄祖射死了，曹操为此还大大松了口气，觉得天下少了一个竞争对手。

没想到的是，孙坚固然不在了，但他的儿子孙策竟然从袁术处借兵起家进而平定了整个江东。少年英雄名震江湖，孙策的年纪与自己的大儿子曹昂差不多，但已自立门户成就一番事业了，现在听说孙策已死，曹操的心中既有伤感，又有欢喜。

探马汇报道："孙策是在一次打猎途中遭遇仇家刺杀而身负重伤，回去后过不太久就死了，现在江东的大权交到了他的弟弟孙权手上。""孙权？当年孙坚身边的那个小孩子孙权，他好像比我的儿子曹丕只大了五岁，他能掌管整个江东政权吗？"曹操心里不禁泛起了丝丝疑虑。

一个人做到像曹操和孙坚这样的局面，家族的成功不光是靠自己，同时还要靠下一代的努力,谁都希望拥有几个能干的儿子将自己的事业延续下去。他曾听说在孙坚死后,孙策出于无奈暂时投靠袁术,在袁术手下立有许多功劳,袁术曾感叹:"如果我能有儿子像孙策一般,虽死无憾。"可见孙坚培养儿子的水平远超众人。

曹操回到家里用孙策与孙权的案例教育孩子,他对曹丕、曹彰、曹植等儿子们说:"父亲创业不易,但这江山终有一天会交到你们的手里,为了那一天,你们准备好了吗?"

曹丕说:"父亲洪福齐天,必定百岁延年,有父亲在,我们只是跟着学习本领,将来好辅助父亲治理天下。"

曹操说:"历朝历代曾经有多少权臣,掌权时一切都好,一旦年老去世,后代没有能力控制局面,很快就会遭到清算,结果搞到满门抄斩的地步也不鲜见。比如汉武帝之后的权臣霍光,他在世时权倾朝野,但去世后后继无人,结果被满门抄斩,你们要吸取这个教训。"

曹彰说:"父亲的教诲儿子必将牢记,要想自保,军权必不可少,只要有军权在,一切都有保障,军权一旦易手,啥都谈不上了。"

曹操说:"子文说得对,军权分成两种:一种是贴近保卫皇室的禁卫军,这个权力非常重要,谁掌握谁就拥有发动政变的力量;另一种是外地野战军的指挥权,这种权力除非你身在军营,或者军营中有亲信,否则几乎没用。"

第二天探马来报,说袁绍又起大军进攻官渡,曹仁将军请丞相前往坐镇指挥。曹操心想,这次差不多是真的要与袁绍决一死战了,该来的总会来,躲也躲不过。于是亲自率军前往官渡与曹仁的军队汇合一处。

在袁绍那里有很多谋士,但其中最大的问题是意见不统一,相互之间还有矛盾。田丰与沮授都希望袁绍能看准机会再与曹操决战,不要盲目进攻。逢纪与审配等人却认为袁绍的力量远超曹操,随时随地去打都没有问题。袁绍打仗是看心情的,以前田丰劝他抓住机会去打曹操时他不听,现在田丰认为不是时机,但他又准备立即出击。好在逢纪与审配顺着他的意思,袁绍的意见并不显得孤独。

在官渡之战的初期,袁军果然是压着曹军打,曹军经常被袁军打得缩在营寨里不敢出来,袁军围绕着曹军的营寨筑起高高的土台,居高临下往曹营中射箭,曹军只得用盾牌遮住自己。程昱对曹操说:"我军粮草不足,所以必须速战,时间拖久了对我们不利。"曹操说:"我何尝不知粮草是我们的致命伤,但就眼下这种态势,我们怎么个速战法?"程昱想想也对,曹军的兵力只有袁军的四分之一,拼实力根本打不过人家,更谈不上速战速决。

曹操每天在营寨中都愁眉苦脸，袁军的实力比他想象的还大，本以为袁绍失去了颜良、文丑后就没像样的将军了，但现在发现不是，袁绍手下还有类似张郃、高览、韩猛、淳于琼等厉害人物，一个个武功惊人，曹军每次出去与他们交战，结果都没取得胜绩。后来谋士刘晔发明了一种投石车，可将石块远远投掷出去，这才勉强与袁军打个平手。

但是曹军最大的问题还是粮草不够，与袁军对峙了一段时间后，曹军的粮草就告急了，曹操不得不派人带着书信去催促留在许都筹粮的荀彧，让他赶紧往前线输送粮草。没想到曹操的催粮文书在半路上被袁军的哨探给截住了，而这个哨探是袁绍军中谋士许攸的人，直接将截获的文书交给了许攸。

许攸是一个很有意思的人，首先他也是官二代，从小混迹于官场之中，与曹操和袁绍早就相熟，大家也算是一起玩大的朋友。许攸为人机灵，善于钻营也善于把握机会，他现在既然帮袁绍，那就一门心思为他出主意。许攸拿到这封书信后，觉得这是一个机会，于是赶紧去找袁绍。

见到袁绍后，许攸兴冲冲地对他说："主公，机会来了，现在曹操营中缺粮，而他许都的大本营里更加缺粮，如果我们此时分一支兵马绕过官渡直接攻击许都，那么曹军首尾不能兼顾，必败无疑。"

逢纪与审配两人本来与田丰与沮授不和，双方对战略的分歧也很大，许攸算是中间派，但最近似乎总在往田丰与沮授方向靠拢，搞得逢纪与审配很不高兴。现在看到许攸建议分兵去抄曹操的后路，这应该是个好办法，但既然是许攸提出来的，就必须强烈反对，决不能让他抢了功劳。

于是逢纪立即站出来说："主公，你别听许攸瞎说，曹操多谋狡诈，这绝对是他诱敌深入的陷阱，我们千万不可上当。"审配也说："许攸这个人无信无义，我已收到许多举报信，举报他贪赃枉法、私受贿赂，说不定他是受了曹操的收买故意来蛊惑主公。"

袁绍最近很信任审配与逢纪，因为他们俩善于溜须拍马，顺着自己的意思说话。听他们这么一说，对许攸也产生了怀疑，心想这许攸从小与曹操熟悉，难不成真是替曹操来扰乱我的战略？联想到许攸此人平时的确有些手脚不干净的毛病，爱占小便宜，品德有瑕疵，于是命令许攸闭口，不许再提任何建议并将他赶了出去。

许攸灰溜溜地被赶出了议事大厅，回到自己的住处后，心里越想越不是滋味。他想，我与袁绍相交多年，也算是一个老资格的谋士了吧，怎么到了最后袁绍反而对审配、逢纪等人言听计从？袁绍说我品行不端，爱占小便宜，但这与打仗取胜有啥关系？听说曹操前段时间在许都发布了一个"唯才是举令"，说是只要对国家有用之人，无论是何出身、有何缺点一律不限，按能力给职位，按功劳给奖赏。这一政策与袁绍的用人法度对比强了太多，但凡是个人怎么会没有缺点？有缺点就不用这太过于挑剔了，更何况现在是个乱世，乱世看重的还是真才实学。

最近许攸觉得在袁绍这里是越来越难混了，袁绍不像以前那样信任自己，他更喜欢审配与逢纪，而偏偏自己与这两个人处不好关系，与自己关系不错的田丰与沮授都被他们排挤了。这次为了征伐曹操，田丰屡次给袁绍出主意都不被采纳，沮授也被打击报复，他的建议袁绍根本不听。自己虽然知道袁绍喜欢听顺耳的话，但问题是顺耳的话不管用啊，打仗最终还得看结果，打赢了才是真本事。但这些问题许攸也只能自己独个儿想想，整个袁军大营中就没有人可说。

许攸正独个儿想着，他的随从悄悄来报，说在自家宅子的门外似乎出现了监视你的人，看情形好像主公有抓你的可能性。许攸一听大怒，心想难道审配逢纪等人要赶尽杀绝？如果是这样的话，那我可不能让他们的阴谋得逞，怎么办呢？想来想去，想到自己与曹操幼时关系良好，干脆就去投靠曹操算了，跟谁干不是干呢，说不定去曹操那里更有前途。

于是当天晚上许攸悄悄离开了袁绍的大营，直奔曹操的营寨而去，来到曹营大门口立即被守门的卫兵拦住了，许攸大大方方地对卫兵说："你去禀报曹丞相，就说故人许攸来访。"当时夜色已晚，曹操忙完了一天的公事，正在洗脚，打算洗完就睡了。这段时间因为战事胶着而军粮不足让他伤透了脑筋，手下的众谋士虽然出了很多主意，但因不掌握袁军内部的核心机密而大多起不到决定性作用。此时一听许攸来访，他立即意识到这代表着什么，因为许攸是自己的故交，现在还是袁绍军中的核心谋士之一，他既然来访，一定会带来重要的情报。

想到这里，曹操顾不得擦脚穿鞋，光着脚就从房间里跑了出来，见到许攸立即上前拥抱，热情地拉着他的手不放，进了营帐后请许攸坐下，曹操直接行跪拜礼，这可把许攸吓坏了，心想曹操这也太过分了吧，他是丞相，一军主师，怎么向我行跪拜礼？赶紧起身搀扶，口中说："使不得啊，孟德，你太客气了。"曹操说："子远（许攸字子远），你可想死我了，你今天过来，一定能教我如何战胜袁绍。"

许攸这个人最受不起人家捧，别人一捧他，他立即晕眩，他对曹操说："不瞒你说，我打算离开袁绍来投奔你，袁绍对我言不听计不从，我在他那里越混越没意思。"曹操说："子远，你说得对，别跟袁绍了，他那个人没见识更没胸怀，你就跟着我吧，我保你有享不尽的荣华富贵。"许攸说："我本来对袁绍说，你现在的粮草不足，而你的许都目前是既没兵又没粮，让他分兵抄你的后路去攻击许都，可他不听啊。"

曹操为了满足一下许攸的虚荣心，故意装作大吃一惊的样子说："这一招可真厉害啊,若袁绍听了你的建议,我的许都就完了。"许攸得意地说:"阿瞒(曹操小名阿瞒),你老实说,你的粮草是不是快要没了?"曹操说:"对对对,粮草的确不多了,最多还能坚持半年。"许攸说:"什么坚持半年,你纯粹胡说,再给你一次机会,究竟还有多少粮草?"

曹操赔笑道:"是是,的确不足半年之用了,最多只能支撑三个月。"许攸道:"怪不得大家都说你是老狐狸,果然不肯说实话,到底还剩多少?"曹操尴尬地说:"哎,说实话是不足半个月了。"许攸说:"什么半个月,你的粮草绝对不够再吃三天!"曹操一听大吃一惊,心想这等军中绝密许攸怎么会知道,他如果知道了,袁绍会不会知道?袁绍如果知道了,那这仗还打什么打,我必败无疑啊。

许攸看到曹操那惊疑不定的眼神,得意地笑了笑,拿出了那份从探报处得来的曹操向许都催粮的文书给他看,曹操一看大吃一惊,暗想这份文书怎么会落到了许攸的手里?看来这场仗自己是凶多吉少了。许攸看到曹操浑身打颤的模样,更是得意了,他伸手拍了拍曹操的肩膀说:"阿瞒,不要紧张,我今天来就是要告诉你胜过袁绍的办法。"曹操一听赶紧握住许攸的手说:"子远,你不要吓我了,有什么办法赶紧说吧,再不说估计就不赶趟了。"

许攸说:"打仗打的主要就是粮草,袁绍的粮草都囤积在乌巢,乌巢的守将目前是淳于琼。淳于琼这个人喜欢喝酒,一喝酒就容易误事，你今晚可以派兵穿上袁军的服装，假装是袁绍派去调运粮草的部队，奇袭乌巢，烧毁他的粮库，只要没有了粮草，袁绍的大军不战自溃。"曹操一听大喜，心想这种绝密情报可不是一般人能够侦查到的，事不宜迟，赶紧行动，由于事情极端重要，曹操不放心交给其他人，他决定亲自领兵前往。

深更半夜曹操的突袭部队假扮袁军悄悄接近乌巢，乌巢守军一看来的是自己人，也没太过于防范，等曹军走近交接口令时才发现有诈，但为时已晚，曹军发一声喊，大军一拥而上，攻进了乌巢粮库。说来也巧，这天晚上守将淳于琼还真就喝醉了酒，正在营中酣然大睡呢，突然听说有敌军袭来，一时没搞清楚状况。曹军是有备而来，一半人敌住乌巢守军，另一半人拿出早就准备好的浸透燃油的干柴放火烧粮。由于事先计划得当，大家的手脚都比较迅速，一时间乌巢粮库的大火冲天而起。

袁绍在自己的大营中看到乌巢方向火光冲天，然后有探马来报，说乌巢的粮库被曹操率军给烧了，袁绍大惊失色，立即就要派人去救援，手下大将张郃与高览一起请战，要去救援乌巢。谋士郭图想要争功，他对袁绍说："曹操既然亲自率军去偷袭乌巢，他自己的大本营肯定空虚，不如让张郃与高览去袭击曹操的大本营，这叫作'围魏救赵'，而乌巢既然已经被烧了，现在去也是白去，只需派蒋奇率兵去救即可。"

张郃与高览认为郭图所言不对，这么去干肯定是要失败的，但袁绍相信郭图的话，不采纳张郃与高览的意见，但结果却证明郭图的话靠不住。袁绍派出去的两支部队，无论是援救乌巢的蒋奇部队还是偷袭曹操大本营的张郃、高览部队都被曹军打败了。张郃与高览也算是识时务，看到情况不对，再这么打下去肯定没有希望，于是下决心投降了曹操。

曹操此时正在用人之际，只要有人来投，一律重加封赏，他给张郃与高览都封了侯，示范效应一出，来投降曹操的人越来越多。袁绍的军队听说粮草全被烧了，大家都无心恋战，曹军此时像秋风扫落叶一般发起了总攻，几十万袁军迅速就崩溃了。

袁绍率领败军逃回了他自己的大本营，虽然损失惨重，但所剩余的兵力还是不少。许攸又给曹操出主意，说有五个地方是袁绍比较看重的，目前分别由他的儿子们负责把守，让曹操派军虚张声势，假装要去攻击这五个地方，诱使袁绍分兵去救。结果袁绍果真上当了，分兵救援五个地方，导致他的大本营军力不足，曹操此时才率大军强攻袁绍的大本营，打得袁军丢盔弃甲，抱头鼠窜。此一战，曹操还杀死了袁绍的大谋士沮授。

打仗这件事情，靠的是一鼓作气取得胜利，否则就会一败涂地。事先大家往往都会做计划，如果战争按照计划进行，不出意外，那这个仗会打得很漂亮。最怕的就是出意外，一旦出了意外，一着棋错满盘皆输，一次失误会带动一连串的失败。

曹操占领了袁绍的大本营，在查抄军营中的文件资料时，意外发现一大堆己方将士私下里发给袁绍的投降信。看来在曹操营中曾有许多意志不坚定的人试图提前联络袁绍，一旦曹操失败也好有个退路。有人建议，正好乘此机会按图索骥，将这些两面三刀意志不坚定的人全都抓起来，彻底清除潜在的内奸。

但这次曹操却一反常态，并没有这么做，他说："我在官渡之战前夕之所以要肃清敌对势力，也是因为我对此战役没有把握。既然我当时自己都没有信心，怎能要求其他人对我有信心呢？现在既然已经打胜，袁绍回天乏术了，我就饶了那些人吧。"他命人将所有书信搬出来，当众一把火烧了，这表示以前的事既往不咎，大家都觉得曹操为人很大气，以后跟着他干有前途。

袁绍逃回了他的老巢冀州，这次官渡之战的失败让他损失了过半的兵力，好在他的底子实在是厚，损失了那么多，剩下的还有不少。袁绍有三个儿子，长子袁谭，目前镇守青州；次子袁熙，目前镇守幽州；小儿子袁尚是他最喜欢的，就带在自己的身边；他还有一个外甥叫高干，目前镇守并州。袁绍因为最喜欢小儿子，所以一直有立小儿子为接班人的打算，这样就造成了他的几个儿子貌合神离的态势，尤其是大儿子袁谭，他自认为样样本领都远超几个弟弟，为父亲立下的功劳也最多，对父亲有意立袁尚为继承人的想法很是不满。

这几个儿子都是同父异母生的,每个人的背后都有支持者集团。大臣们为了今后的荣华富贵也都提前选择新主子,袁绍身边的文臣武将形成了好几个派系,每个派系都力挺一个儿子,大家一荣俱荣,一损俱损,都希望将对手置于死地。既然目前小儿子袁尚比较得宠,那么大儿子袁谭自然就与二儿子袁熙联起手来,只有外甥高干反正继承人的位置轮不到他,还算比较超脱。但只要袁绍还活着,他的儿子们暂时都不会有啥行动,这次他调集了青州、幽州、并州等地的兵力资源,准备再与曹操进行战斗。

谋士田丰力劝袁绍暂时别打了,不如深沟高垒以待时机,他说君子报仇十年不晚,现在时机不到,官渡之战已经损失巨大,应该暂时修养一段时间,让大家都调整一下心态,否则就这么心急火燎地去报仇,肯定打不好仗。但此时的袁绍被曹操打得心中憋屈郁闷,总想着要立即翻盘,不肯采纳田丰的建议,而田丰的对头审配、逢纪等人又从中挑拨,说田丰一向支持大儿子,密谋等主公百年后发动政变,杀死小儿子夺取大位,结果袁绍真就相信了审配、逢纪的话,命人将田丰杀了。

曹操现在的想法是要乘胜追击,乘这个机会赶紧把袁绍的有生力量给灭了,千万不能给他留下喘息的机会。于是整顿军马杀奔冀州而来,在一个名叫仓亭的地方与袁军相遇了。此次相遇与上一次在官渡的情形大不相同，这次曹军士气高昂，人人充满了必胜的信念，而袁军士气低落，大家都心中没底，生怕又中了曹操的诡计。

程昱事先为曹操谋划了十面埋伏之计，从诱敌深入到四面出击，种种计划都为了迅速击败袁绍大军。曹操按照程昱的部署，将主力左右各分成五队，左边有：一队夏侯惇，二队张辽，三队李典，四队乐进，五队夏侯渊；右边有：一队曹洪，二队张郃，三队徐晃，四队于禁，五队高览；中军许褚为先锋。两军这一交手，立即就看出了士气对战争的重要性，曹军这里个个争先恐后，而袁军那里全都畏缩不前，几场仗打下来，袁军被打得节节败退，毫无还手之力。

早在官渡之战开打之前，刘备三兄弟就已经跑去了汝南，因为他认为袁绍与曹操争雄福祸难料，自己夹在中间还不如独立出来寻找机会。正好汝南一支黄巾军的首领刘辟、龚都仰慕刘皇叔的名声，带着几万兵马愿意投靠刘备，于是刘备三兄弟就在汝南站住了脚跟。自从上次袁绍攻灭了公孙瓒之后，公孙瓒手下的小将军赵云就归了刘备，刘备有了赵云的辅佐，感觉自己的实力又上了一个台阶。

这次听说曹操在官渡大破袁绍军，袁绍退回到了大本营冀州，现在曹操又去攻打冀州，眼见就要将袁绍彻底消灭。刘备有点坐不住了，他想如果曹操灭了袁绍，他肯定称霸北方，到那时再挥师南下，我们全都不是他的对手，不如乘现在他集中力量对付袁绍时，赶紧去进攻他的老巢许都，只有与袁绍两面夹攻曹操，或许还能有点机会。

刘备的想法是正确的，这也是唯一的一条正路，但可惜他的实力太弱小了，而其他诸侯谁都不肯帮他，他只得硬着头皮上。于是他率军进攻许都，去抄曹操的老巢，曹操在冀州前线正痛打袁绍呢，突然接到探报，说刘备率兵进攻许都，不禁大吃一惊，心想这刘备真有魄力，凭他能有多大的实力，竟敢偷袭我的许都？虽然刘备不可怕，但许都毕竟太重要了，不可马虎对待，于是只好硬生生地放过了袁绍，率兵紧急回头救援许都。

到了许都附近的穰山地界，正遇上刘备的兵马，曹操立于军前对刘备喊道："刘备你这个大耳贼，在许都时我待你不薄，还让天子认你为皇叔，你怎么竟敢反叛于我？"刘备也对着曹操骂道："曹贼，你名为汉相，实为汉贼，我奉天子密诏讨伐于你，你还不下马受缚更待何时？"

曹操心里真是又好气又好笑，心想就你刘备三兄弟，本来都是平民出身，混到最后也最多混一个候补县尉，能有啥出息？还不是靠我帮忙，现在大哥是皇叔，二哥是汉寿亭侯，在江湖上也算有名有姓，可以堂而皇之地混迹于诸侯之间，结果你还敢跟我翻脸？真是人心不足蛇吞象，这次要是被我抓住，我一定千刀万剐了你。

想到这里，他命许褚出战，去活捉刘备。刘备阵中冲出一员小将正是赵云，许褚与赵云战在一处，打了三十几个回合不分胜负，而且似乎许褚还有点顶不住的意思。曹营当中于禁拍马而出，刘备阵中关羽出迎，于禁一见是关羽，立即心就虚了，战不了几合拨马就退。曹操眼见战局不利，只好鸣金收兵退回营中。刘备见曹军退回去了，自己也就暂且回营。

第二天刘备又接着让赵云去曹营邀战，但这次曹营无人出来对战，赵云白等了半天，曹军就是不出来，刘备只得收兵回来再想办法，如此这般连续好多天，曹营就是无人应战。其实此时的曹操早就想出了打败刘备的计策，他一面在大营中与刘备对峙，将他的主力拖住，一面暗中派夏侯惇领兵绕道去偷袭汝南，抄他的后路。

这一招出乎刘备的意料，他留在汝南的兵力不足，夏侯惇一到，汝南迅速就被攻陷了，然后夏侯惇率兵从刘备的后面攻上来，与曹军一前一后夹击刘备军，这时刘备才缓过神来，但为时已晚，他本来兵力就不足，在曹军的前后夹攻下被打得大败。

曹操下了命令，让众将活捉刘备，谁能捉到重重有赏，于是曹军人人争先，刘备三兄弟迅速被打散了。刘备本人在赵云的保护下拼命奔逃，不想半路上遇到了曹军大将高览，高览一见刘备立即两眼放光，准备来捉，刘备身边的赵云迎了上去，只用了三个回合，赵云一枪刺高览于马下。这时曹军大队人马杀到，刘备的几位大将也分别赶到，关羽、张飞敌住许褚、夏侯惇,赵云力战于禁和乐进。

在一片混战中刘备独自拨马先跑,跑着跑着,前面又有曹军杀到,为首的是张郃,刘备一看大呼完蛋了,这时正巧刘辟赶到,替刘备敌住张郃,但打不了三个回合就被张郃一刀砍翻。张郃正要追上刘备,只见赵云赶来,几个回合将张郃杀退,保护刘备逃跑,关羽、张飞也陆续赶了过来。大家合力打退曹军,拥着刘备逃到了一处荒僻的山岭中,看看天色已晚,曹军暂时没有追来,刘备等人总算能下马休息一阵。

坐下大树底下,刘备看着周围跟随他的几位兄弟,心情极度郁闷,他对大家说:"各位都是顶天立地的好男儿,可惜却跟了我刘备,我是个没本事的人,这么些年来东奔西走,到头连一块稳固的根据地都没有,还连累了各位兄弟,我惭愧啊。"

关羽劝道:"大哥你说的哪里话,想当年我大汉高祖皇帝创业之初也是实力远不如项羽,被项羽追得上天无路入地无门,但只要坚持不懈地努力,终有一天会反败为胜,成为最后的赢家。"

刘备听关羽这么说,想想也有道理,但现在自己该怎么办呢?孙乾建议说:"要不然我们去投靠刘表?反正你们都是汉室宗亲,说不定刘表可以接纳我们。"

刘备说:"刘表此人虽然宽厚,但他身边的小人太多,据说他的蔡夫人一心要扶小儿子刘琮上位,蔡夫人的弟弟蔡瑁统领着荆州的水师,他们未必肯接纳我。"

孙乾说:"要不然我当说客试试?我先去见一见刘表,探探他的口风,如果他同意接纳我们,主公你再过去。如果他不肯接纳,我们想其他办法。"刘备觉得似乎也只能这样了,没有更好的办法,于是就让孙乾代表自己先去刘表那里探听一下情况。

曹操打败了刘备之后,正准备猛追穷寇,将刘备赶尽杀绝,程昱却对他说:"主公不可啊,现在我们最重要的敌人还是北方的袁绍,好不容易把他打得奄奄一息了,我们一定要斩草除根永绝后患。至于刘备,他暂时还成不了气候,我们将他赶跑就行了,不要在这种地方花费太多的时间,我们要赶紧回去办正事,先消灭了袁绍再说。"曹操一听觉得程昱说得对,目前自己首要的敌人是袁绍,只要把袁绍消灭了,刘备等人都是小菜一碟,慢慢收拾不迟。万不可本末倒置,给袁绍以喘息的机会,一旦他缓过来了,以前的努力只怕全都白费。

于是曹操重整军马,再次前去进攻冀州,此时的袁绍正在为难。自从连续大败以来,他的身体日渐虚弱,时常有咳血的情况出现,众谋士也都劝他,说:"我们暂时不宜再与曹操交战了,我们得缓一缓,休养生息一段时间,等缓过精神来后,再重整旗鼓去与曹军争战不迟。"但袁绍这个人最大的弱点就是沉不住气,他一向没把曹操放在眼里,认为曹操比自己差得太远,现在竟然被曹操打败了,这张脸都没地方放,如果不赶紧挣回这个面子来,他是茶饭不思,坐卧不宁。

但看看自己目前的军力,听听周围谋士们的建议,他又有点拿不定主意。正在犹豫中,忽听探马来报,说曹操已经打败了刘备,又一次率军前来攻打冀州。袁绍心想,看来此事没完,我不去打曹操,曹操就来打我,我还得继续与他打。于是他不听谋士们的劝告,下令给他的大儿子袁谭,二儿子袁熙和外甥高干,让他们赶紧准备好军马与粮草,大家一起再与曹操决一死战。

袁绍的小儿子袁尚一直自负勇猛,觉得在家族危难之际,自己得做出点成绩来让大家看看,将来父亲把大位传给自己众人也好服气。现在看到曹军攻来,也不等两位兄长率军赶到,他自己一个人就领兵杀了出去,希望凭一人之力打退曹军,让大家见识一下他袁尚的厉害。曹操军中见袁尚亲自出战,张辽立即迎着厮杀,只五个回合,袁尚就吃不消了,败退下去,张辽率军冲杀,打得袁尚军死伤无数,退回了冀州城。

袁绍本来就身体不好,听说心爱的小儿子袁尚大败而回,心里一阵焦躁,顿时一口血吐了出来,仰面摔倒,众人将他扶到了床上。此时的袁绍已经两眼翻白,口不能言,他的刘夫人以及逢纪、审配等人赶紧围上去问:"万一老爷您不在了,该由谁当接班人?"袁绍两眼看着小儿子袁尚,但已经说不出话了。刘夫人问:"是不是让袁尚接替大位?"袁绍没说什么,就这样永远闭上了眼睛。

刘夫人与审配、逢纪等人商议,既然袁绍已死,那首先就该夺取大位,其他事情都先放一放,由审配草写袁绍的遗书,就说将大位传给袁尚,然后由逢纪去向袁谭传达命令。而刘夫人第一时间先去将她痛恨已久的、袁绍的六位小老婆全部杀了,然后命人将这六位小老婆的家人也全都抓来杀了。

袁谭、袁熙与高干正在率军驰援冀州途中,当袁谭接近冀州城时,忽听探马来报,说父亲袁绍死了,大位传给了袁尚,逢纪代表袁尚来向他下达命令。袁谭听后大怒,心想父亲是怎么死的?会不会是被你们害死的? 父亲死前有说把大位传给袁尚吗?

辛评与郭图两位谋士是支持袁谭的,他们给袁谭出主意道:"主公死的时候,身边只有袁尚,他肯定说主公将大位传给他了,现在曹军压境,我们还不能与袁尚交恶,等联手将曹军打退后,再与他算账不迟。"袁谭深以为然,就留下逢纪在军中做人质,自己领兵先去抵挡曹军,与曹军遭遇后,袁谭军中大将汪昭首先出马,曹军阵中徐晃出战,两人杀在一处,打到十多个回合,徐晃一斧头将汪昭砍于马下,曹军乘机掩杀,袁谭军大败,退回了营寨。

回到营寨后，袁谭心想，曹军果然厉害，自己一支军队肯定打不过，于是派人去袁尚那里要求增援。袁尚接到大哥的求援信后与审配商议，审配说："袁谭之所以暂时没来与我们争夺大位，原因就是曹军正大兵压境，一旦我们打退了曹军，袁谭必然与我们翻脸夺位，不如别去增援，让曹军将他灭了，以减少我们的竞争对手。"袁尚听了审配的话，于是不肯发兵相救，袁谭听说后大怒，他又派人去对袁尚说，"如果你不增援的话，那我就投降曹操了，然后联合曹操一起来打你。"

袁尚听说袁谭有投降曹操的想法，也有点慌了，心想本来我就打不过曹操，袁谭一旦投降了，他们联合起来打我，那我的冀州肯定就完了，于是只好亲自领兵前去增援袁谭。袁谭有了袁尚的增援，实力大涨，又出阵与曹军交战，双方互有胜负。过不了几日，幽州的袁熙，并州的高干分别率军赶到，与袁谭和袁尚合兵一处与曹军对抗，双方反复交手，最终打成了拉锯战。

郭嘉对曹操说："主公，我看暂时不要与袁军继续打下去了，袁绍废长立幼，他们兄弟内部的矛盾不可调和，我们急攻之下，他们尚能团结抗敌，一旦我们撤退，他们必定爆发内讧，所以我们不如先撤回许都，对外宣称先去打荆州的刘表，等他们自相残杀后再来捡渔翁之利。"曹操觉得这个主意行，于是下令收兵不打了，对大家说："我们先撤回许都去休整一段时间，然后掉头去打刘表。"

曹军一走,冀州的压力顿时减轻了,袁绍的几个儿子果然开始了内讧,大家争夺的焦点在于,究竟该由谁来继承父亲的位置?三个儿子分成了三个派系,相互之间你争我夺,互不相让。首先是袁谭与袁尚撕破了脸,双方大打出手,然后是袁熙与高干拉偏架,拉一派打一派,结果不出郭嘉所料,袁家的几个兄弟自相残杀,把便宜都白送给了曹操,曹操乘机收获了渔翁之利,轻轻松松地收编了袁谭,消灭了高干,占领了冀州、青州、幽州与并州,袁熙与袁尚带着残兵败将逃到辽东投靠公孙康去了。